暮しの手帖の
評判料理

暮しの手帖社

目次

ごはん・麺

野菜のおかず

肉のおかず

魚のおかず

とうふ・玉子

スープ・汁・鍋もの

漬けもの

この本を使われる方に

●材料の分量は、はじめてのときは、このまま作ってほしいと思いますが、何度か作るうちに、たとえば大根が少しぐらい多くても、少なくても、大根の代わりにかぶを使っても、そのときどきで、適当にして下さって、もちろんけっこうです。

●調味料の分量も、一つの目安として、この味なら、たいていの人にいいと思う量になっています。

　はじめはこの通りに作ってみて、二度目から、食べた人の感想をきいて、塩を足したり、砂糖を減らしたり、お好きな味にしてください。

●この本の料理に使っている大サジは18cc、茶サジは6ccです。茶サジ3杯が大サジ1杯になるわけです。

　大サジはもともと、テーブルスプーンのことで、スープを飲むときに使っていました。茶サジもティースプーンとして、この大きさがふつうでした。

　今は、テーブルスプーンもティースプーンも浅かったり小さかったりといろいろです。

　日本では15ccと5ccの計量スプーンが一般的ですが、こういう小さめのスプーンや計量スプーンを使うときは、盛り加減をこころもち多めにして、お使いください。

●この本のカップ1杯は180ccで、大サジ10杯分です。

　カップが200ccだったら、水をこぼれない程度に、上を少しあけて下されば、180ccぐらいです。

●ふつう、おつゆをすくうお玉は、1杯が90cc入りですから、お玉1杯で大サジ5杯分、お玉2杯でカップ1杯というわけです。これを覚えておくと、何かと便利です。

●調味料の塩、しょう油、砂糖、油、コショーは、ふつうのお宅にはあるものとして、材料のところには、書き出していません。ただし、揚げ油のように、たくさん使うときは、揚げ油と書いてあります。また、前もって合せておくタレや漬け汁は、必要な分量として書きました。

●出来上がりの量は料理によって違います。だいたい何人分かは、材料のところに書いてあります。

●どれも1人前のカロリーをつけました。献立作りや、食べるときの目安になさって下さい。

コラム

ごはん・麺

炊き込みごはん

炊き込みごはんの代表は、かやくごはん。具を小さくうすくきざむと、ごはんと一体になって、口にあたりません。

たけのこごはんやしめじごはんのときも、油揚げはミジンにきざんで入れます。油揚げがごはんにまざってしまうので、たけのこやしめじの歯ざわりとおいしさがたのしめます。

これは、ささがきごぼうを入れたごぼうめし、舞茸ごはん、松茸ごはんと、いろいろ応用がききます。

かやくごはん

材料（4、5人前）	
米	カップ3杯
にんじん	4cm（60g）
ごぼう	20cm（60g）
干し椎茸	3枚
油揚げ	2枚
トリ肉	150g
ダシ昆布	10cm角
日本酒	カップ1/2杯

1人前　440kcal

作り方

1　お米を洗ってザルに上げて水を切り、干し椎茸を水につけて戻します。油揚げは熱湯をかけて油抜きをし、水気をとってミジンに切ります。

2　ごぼうは細いささがきにし、水につけてアクをぬきます。マナ板の上にまとめて上げて、三、四ヵ所庖丁を入れて、さらに細かくしておきます。にんじんはごく細いセン切りにします。

椎茸はよくしぼって軸をとり、2枚にへいでから半分に切って、できるだけ薄くきざみます。トリ肉は5ミリ角ぐらいに切ります。

3　洗っておいたお米をお釜に入れます。水カップ2杯半と日本酒カップ1/2杯、しょう油（あれば淡口しょう油）大サジ2杯で味をつけます。お吸いものより、ちょっと濃い目ぐらいです。

そこへきざんでおいたかやくを全部入れ、昆布を入れて全体によくかきまぜて平らにならして火にかけます。

4　炊き上ったら、昆布を取り出し、底から返してよくまぜます。

たけのこごはん

材料（4、5人前）

米	カップ3杯
ゆでたけのこ	1本（300g）
油揚げ	3枚
ダシ	
日本酒	カップ½杯

1人前　400kcal

しめじごはん

材料（4、5人前）

米	カップ3杯
しめじ	2パック（300g）
油揚げ	3枚
ダシ	
日本酒	カップ½杯

1人前　375kcal

作り方

1　お米を洗って、ザルに上げます。

2　たけのこはタテ二つに割って先のほうは5センチくらいのクシ形に、根元の方は1センチくらいの厚さに切って、はしから薄切り。真ん中へんは3センチくらいの薄切りです。

しめじなら手でほぐします。

油揚げは熱湯をかけて油抜きをし、水気をふきとってから1、2ミリ角ぐらいの細かいミジン切りにします。

3　洗っておいたお米をお釜に入れ、日本酒カップ½杯、かつおダシカップ2杯半を入れて、しょう油大サジ2杯で味をつけます(急ぐときは、ダシは、水と即席ダシでも)。

4　そこへ具を入れ、全体によくかきまぜて、ふつうに炊きます。

しめじの場合は、カサがあるので、水が足りないのではと心配になるかもしれませんが、しめじから水が出るので大丈夫です。

炊き上がったら、底から返すようにして、全体によくかきまぜます。

●平らにならして炊く

●かやくの具はこまかく

●油揚げはミジンにきざむ

かつおの手こねずし

刺身用のかつおが手ごろな値段で手に入ります。そのかつおをうすく切って、つけじょう油に漬けておき、しょうがと青じそをたっぷりまぜたすし飯に混ぜこみます。

もともとは、漁師が船の上で手で混ぜてつくったので手こねずしという名前がつきました。

青いもみじを彩りに添えました。

材料（４、５人前）

かつお（刺身用）	300ｇ
米	カップ３杯
しょうが	大１コ
青じそ	20枚
ウド	15cm
木の芽	少々
しょう油、みりん、日本酒	
合せ酢	
米酢	カップ⅓杯
砂糖	大サジ３杯
塩	大サジすり切り⅔杯

１人前　440kcal

作り方

1　ごはんはかためにたきます。

お米をといだら、一度ザルに上げて15分ほどおき、お米と同量（3カップ）の水を入れて炊きます。

2　ボールにしょう油1/3カップ、みりん大サジ1杯、日本酒としょうがのしぼり汁各大サジ1杯半を合せます。

3　かつおを3、4ミリの厚さに薄めに切って、このつけ汁につけます。身が太いところはタテに庖丁を入れてから切り、30分ほどつけておきます。

4　しょうがと青じそはセン切りにします。ウドは皮をむき、マッチ棒ぐらいに切って、酢をたらした水につけてアクを抜いておきます。

5　合せ酢を作っておきます。

炊き上がったごはんをすし桶にとり、合せ酢をかけて、うちわであおぎながら、しゃもじで切るようにまぜ、酢めしを作ります。

6　人肌に冷めたら、セン切りのしょうがと青じそをまぜ、つけておいたかつおを、汁から引き上げてパラパラとおき、手で手早く混ぜ込みます。

かつおが全部入ったら、味をみて、つけ汁を手でふりかけて加減し、器に盛って、木の芽やウドをちらします。

まぐろごはん

これは、ごはんが熱いほどおいしいので、炊きたてのごはんでいただく直前につくります。

材料（３人前）	
マグロの刺身	250ｇ
三つ葉	一つまみ
焼きのり	１枚
ごはん	茶わん３杯
つけじょう油	
しょう油	大サジ３杯
わさび	大サジ１杯

１人前　510kcal

作り方

1　マグロは、お刺身よりうすめに切ります。切ってあるものなら、二つに切ります。三つ葉はサッとゆがいてから、ミジンにきざみます。

2　ボールにわさびをとり、しょう油大サジ3杯を加えてよくまぜ、ここにマグロを入れて、しょう油をしませます。

3　炊きたての熱いごはんを丼にもり、マグロを三等分してのせ、残ったつけじょう油を少しずつかけます。

上に、もむか、細く切った焼きのりと三つ葉をちらします。わさびは、生わさびなら最高ですが、ねりわさびでも、けっこうおいしく出来ます。その時は、量を加減して下さい。

親子丼

玉子でとじる丼は、なんでも一人分ずつ作るのが原則です。小さいフライパンでもできますが、丼の大きさにできている柄の立った親子ナベがあると便利です。

つゆはカツ丼と共通です。市販のつゆの素を使うときは、みりんなどを加えてちょっと甘めにします。

材料(1人前)

トリもも肉	50g
玉子	大1コ
ねぎ	½本
つゆ	カップ½杯
ごはん	丼1杯

1人前　615kcal

作り方

1　トリ肉はひと口大に切り、ネギは斜め切り、玉子はざっととい ておきます。

2　ナベを中火にかけ、つゆを入れます。まず、トリ肉を入れて、箸で裏表に返して、よく火を通します。次に、ネギを入れ、くたくたにならないうちに、玉子を溶いて少しずつ中心に流し入れます。箸でちょっとかきまぜて、生煮えのところで火を止めます。

3　ごはんの上にすべらせて、すぐフタをしてむらします。

■丼もののつゆの作り方

1　かつおぶしでダシをとります。水カップ5杯にかつおぶし30グラムの見当です。

水を煮たててかつおぶしを入れ、15分ぐらい煮て、充分煮出し、黄色い濃いダシをつくります。

2　しょう油カップ1/2杯、砂糖大サジ2杯、みりん大サジ1杯半を、いっしょに火にかけて、砂糖がとけたらダシをカップ2杯入れ、煮立ったら火を止めて、でき上がりです。これで4、5人分です。

＊このつゆは甘めです。一度これでつくって、あとはみんなの好みをきいて加減してください。

カツ丼

とんカツは揚げたてがいちばんですが、揚げてあるのを買ってきてもいいでしょう。

作り方

1　ナベを火にかけて、つゆを入れ、玉ねぎのうす切りを入れて、半煮えのところで、切ったとんカツを平らに並べて、入れます。ころもにつゆがしみてきたら、裏返して、まんべんなくつゆをしませます。

2　玉子をザッとといて、カツとカツのあいだへ、細くゆっくり流し込み、半熟になったら、丼のごはんの上に移します。

材料（1人前）

とんカツ	1枚
玉子	大1コ
玉ねぎ	¼コ
つゆ	カップ½杯
ごはん	丼1杯

1人前　850kcal

しいたけ丼

しいたけだけの丼ですが、玉子の黄味とつくりじょう油の味が加わって、格別なおいしさです。

つくりじょう油は、お刺身や湯どうふなどにも使えます。

作り方

1　まず、つくりじょう油を作ります。小ナベにたまりじょう油、しょう油、日本酒、みりんを入れて火にかけ、かつおぶしを一つかみ入れて煮たて、すぐこして、かつおぶしをとります。たまりがないときは全部しょう油でもけっこうです。

2　椎茸を、中まで火が通るようにアミで焼きます。

焼けたら3ミリくらいにうすくきざみ、1のつくりじょう油を大サジ1杯まぶします。長くおくと、しみ込みすぎるので、いただく直前にします。

3　炊きたてのごはんをもり、椎茸をのせ、真ん中に黄味をおとします。もみのりをかけ、ふたをしてむらします。

いただくときは、よくかきまぜて、味がたりなければ、つくりじょう油をたします。

材料（1人前）

生椎茸	大3、4コ
玉子の黄味	1コ
ごはん	丼1杯
焼きのり	1枚
つくりじょう油（10人分）	
たまりじょう油	カップ⅔杯
しょう油	カップ⅓杯
みりん	大サジ2杯
日本酒	大サジ2杯
かつおぶし	一つかみ

1人前　435kcal

焼豚とねぎの炒飯

もっとも身近な材料の炒飯です。作り方のコツを覚えて、いろいろな具に応用して下さい。

材料（2人前）

焼豚	50ｇ
ねぎ（青いところも）	10㎝
玉子	2コ
ごはん	茶碗3杯

1人前　600kcal

作り方

1　ごはんをほぐしておきます。

焼豚は7、8ミリ角にきざみます。ネギは1センチくらいのザク切りにします。

ナベを火にかけ、煙が出るくらいに熱くして、ナベ全体にうすく油をひきます。こうするとごはんがくっつきません。

ついで、油を大サジ2杯入れ、よくなじませたら溶いた玉子を入れ、かきまぜながら、全体に火を通します。

2　そこへごはんを入れて、お玉を使って、ごはんをほぐしながら、よくよく炒めます。強火にして、焦げつかないように、お玉もナベもこまめに動かします。

3　ごはんがパラパラして、玉子とよくまざったら、焼豚とネギを入れて、炒めます。しょう油を大サジ1杯まわし入れ、むらなくまぜます。

■炒飯のコツ

＊まずたくさん作らないこと。中華ナベで一回に2人前までにします。多いとごはんがくっついて、パラッと仕上りません。

＊ごはんはかためのごはんがよく、使う前に電子レンジであたためてから使います。

＊具は、ごはんを炒めてからまぜるだけなので、小さく切って、火の通りにくいものは、ゆでたり、炒めたりして、味もつけておきます。

＊玉子は色どりがよく、おいしいから基本の具として入れますが、必ずごはんより先に炒めます。

＊ごはんは強火で時間をかけて、よくよく炒めます。味をつけたり、具を入れたりするのは、それからあとにします。

＊とりかかる前に、ナベをじゅうぶん熱くして、油をなじませておきます。油はラードがおいしくて一番ですが、サラダ油でもけっこうです。

かにの炒飯

ごちそうの炒飯です。
カニは冷凍でも缶詰でもけっこうです。
彩りにグリンピースなどを散らしてもいいでしょう。

材料（２人前）	
カニの身	40ｇ
玉子	２コ
ごはん	茶碗３杯
ねぎ（青いところも）	10㎝

1人前　555kcal

作り方

1　カニは骨を抜いてほぐします。ごはんもざっとほぐしておきます。

ネギは四つ割りにしてから、1センチに切ります。玉子をといておきます。

ナベに油を大サジ2杯入れて、なじませ、玉子を入れて、かきまぜながら全体に火を通します。

2　ここにごはんを入れ、よく炒めます。パラパラになるぐらい5分ほど炒めます。塩を茶サジ1/2杯入れて、味をつけ、カニとネギを入れて、さらに炒めます。

●具を入れる

●ごはんを入れる

●玉子を炒める

チキンライス

トリ肉がたっぷり入った、ごちそうのチキンライスです。トマトジュースを煮つめたペーストで味をつけます。

材料（4人前）

トリもも肉	2枚（500g）
玉ねぎ	大1コ（300g）
マッシュルーム	15コ
グリンピース	カップ⅔杯
トマトケチャップ	大サジ4杯
トマトジュース	小1缶（195g）
バタ	
米	カップ3杯

1人前　705kcal

作り方

1　玉ねぎの1/3をミジンにきざみ、バタライスを炊きます（くわしい炊き方は次頁に）。

2　残りの玉ねぎは1センチ角に、マッシュルームは石づきをとって、3ミリ位の厚さに切ります。

　トリは1.5センチ角に切って、塩茶サジすり切り1杯をまぶします。

　グリンピースは塩ゆでします。

　トマトジュースを小ナベで1/4くらいまで煮つめて、トマトペーストを作ります。

3　ナベにバタ大サジ1杯をとかし、玉ねぎを炒めます。しんなりしたら、マッシュルームとトリを入れ、コショーをふって、トリに充分火が通るまで炒めます。これをザルにとって水気を切ります。

4　2人分ずつ仕上げます。

　フライパンにバタ大サジ1/2杯をとかし、ごはんと炒めたトリを半分入れて炒めます。ごはんに色がついてきたら、ケチャップとトマトペーストを半分ずつ入れ、全体にまざるように炒めてグリンピースをまぜます。残りの半分も、同じように、炒めます。

■ バタライスの炊き方

1　カップ3杯のお米なら、玉ねぎのミジン切り（大サジ2杯ぐらい）を、バタ大サジ山1杯（30グラム）でよく炒め、洗って水を切ったお米を入れます。

2　焦げつかせないように、弱めの火で、お米がパラパラになって、すき通ったような感じになるまで、ていねいに炒め、炊飯器に移します。塩を茶サジすり切り$1\frac{1}{2}$杯とコショーを4、5ふり、月桂樹の葉を一枚入れて、カップ3杯半の水で、ふつうに炊きます。

＊玉ねぎは入れなくてもいいし、急ぐときやシチュウなどのつけ合せには、お釜にバタを落として、ごはんを炊いてもけっこうです。冷ごはんにバタを散らして、電子レンジで温めても、バタ風味のごはんになります。

パリ風とりごはん

材料（2人前）

トリ肉	150ｇ
玉ねぎ	½コ（100ｇ）
マッシュルーム	4コ
ごはん	カップ4杯
固形スープ	1コ
パセリ	少々
バタ	

1人前　620kcal

トリのブツ切りとごはんを炒めた上に、固形スープをとかして、かけるだけですが、年代を問わず喜ばれるごはんです。

作り方

1　トリ肉は小さめのブツ切り、マッシュルームは薄切り、玉ねぎは粗めのミジン切りにします。固形スープ1コは細かくくだいて大サジ1杯の湯にとかしておきます。

2　フライパンにバタを大サジ2杯とかし、玉ねぎから炒めます。火が通ったらマッシュルーム、つづいてトリ肉を炒めます。火は中火です。トリ肉に火が通ったら、塩茶サジ$\frac{1}{3}$杯とコショーで下味をつけます。

ここへごはんを入れ、強火のままさっさと手早くまぜ合せ、具が全体にまじったら、とかしたスープをふりかけ、もう一度よく全体をまぜ合せます。

お皿に盛り、きざみパセリをちらします。

ビビンバ

材料（４人前）

牛のもも肉（焼肉用）	150ｇ
大豆もやし	１袋（250ｇ）
ほうれん草	100ｇ
ぜんまいの水煮	100ｇ
にんじん	½本（100ｇ）
春菊	100ｇ
玉子	大１コ
焼きのり	２枚
ねぎ	½本
ニンニク	小１片
白ごま（煎って七分ずり）	大サジ２杯
粉唐辛子	少々
コチュジャン（韓国の唐辛子みそ）	
米	カップ３杯
ゴマ油	

１人前　715kcal

季節の野菜やきのこ、山菜などをゆでたり炒めたりしてから、しょう油やすりごま、粉唐辛子で味をつけたあえものがナムルです。これだけでおひたし代わりにもなります。

ビビンバはこのナムルと、細切りの牛肉を炒めたもの、錦糸玉子など、数種類の具をごはんの上に彩りよく盛りつけた、韓国の五目ごはんです。

いただくときは、韓国では、ビビンバにつきもののわかめスープを少しかけて、スプーンでごはんと具とコチュジャンという唐辛子みそを、よくまぜ合わせます。

コチュジャンを使わないときは、ナムルの味つけを少し濃いめにします。

わかめスープの作り方は139頁です。

作り方

1　米を洗い、固めのごはんに炊きます。

もやしはヒゲ根をとって洗います。ナベに水カップ1杯を入れ、煮立ったらもやしを入れて、フタをして火を細め、5分程蒸し煮してザルに上げます。

ほうれん草と春菊はゆでて、水気をしぼり、4センチに切ります。

にんじんは長さ4センチの細切りに、ぜんまいも同じ大きさに切ります。

2　もやしをボールに入れ、塩茶サジ$\frac{1}{2}$杯で下味をつけ、ゴマ油茶サジ2杯、すりごま茶サジ1杯、粉唐辛子ひとつまみを加えてあえます。

ほうれん草と春菊は、ゴマ油茶サジ2杯、ネギのみじん切り茶サジ1杯、しょう油大サジ1杯、すりごま茶サジ1杯、粉唐辛子一つまみを加えてあえます。

のりは細かくちぎって、ゴマ油としょう油、水を茶サジ1杯ずつとすりごま一つまみを加えて味をつけ、しっとりさせます。

3　フライパンにゴマ油を茶サジ1杯入れ、香りがたったら、にんじんを加え、塩茶サジ$\frac{1}{2}$杯とすりごま少々をふって、やわらかくなったら、火を止めます。

牛肉は斜めに2、3ミリ幅に切り、ボールにとります。コショーをふって、ニンニクとネギのミジン切りをそれぞれ大サジ1杯ずつ、すりごま茶サジ1杯、ゴマ油茶サジ1杯、しょう油大サジ1杯、砂糖茶サジ1杯を加え、よくまぶします。フライパンにゴマ油茶サジ1杯をとって牛肉を炒め、火が通ったらとり出します。

同じフライパンにゴマ油を茶サジ2杯入れて、ぜんまいを炒めます。

しょう油大サジ1杯、ネギのミジン切り茶サジ1杯、砂糖茶サジ$\frac{1}{2}$杯、すりごま茶サジ$\frac{1}{2}$杯、コショー少々で味をつけてから、火を細め、5、6分炒めます。

錦糸玉子は玉子1コに塩ひとつまみ入れて、薄く焼き、細く切ります。

4　大きめの鉢にごはんを入れ、その上に味つけした6種の具を放射状に盛りつけ、真ん中にのりと、好みでコチュジャンをのせます。

1

2

3

4

ほうれん草とハムのリゾット

ごはん・麺

お米をオリーブ油で炒めてからスープで煮る、イタリー風のおじやです。この具はほうれん草とハムですが、手近な材料でいいのです。

作り方

1　お米を洗って、ザルにとり、30分ほどおいておきます。

　玉ねぎはミジンにきざみ、ハムは5ミリ角のサイコロに切ります。ほうれん草は、おひたしくらいに色よくゆで、5ミリくらいにきざみます。

　水カップ8杯に、固形スープ3コを煮とかしておきます。

2　ナベにオリーブ油を大サジ2杯とって熱くし、玉ねぎのミジン切りを炒めます。しんなりしてきたら、お米を加え、油がしみこむまで、弱めの火で4、5分炒めます。

　ここへスープの半分とハムを入れ、フタはしないで煮ます。煮立ったら火を弱め、ときどきかきまぜながら、スープを足して煮つづけます。おかゆほどはやわらかくせず、お米の芯がなくなり、やや固いという感じまで煮上げます。はじめに煮立ってから20分くらいが目安です。

3　お米が煮えたら、ほうれん草を入れて、ひと煮立ちさせます。火からおろして、熱いうちにチーズとバタをまぜこみ、好みに塩を足します。

材料（4、5人前）

米	カップ2杯
玉ねぎ	小1コ（150ｇ）
ほうれん草	1束（250ｇ）
ロースハム	かたまりで100ｇ
固形スープ	3コ
おろしチーズ	80ｇ
バタ	60ｇ
オリーブ油	

1人前　500kcal

とり雑炊

炊きたてのごはんなら最高ですが、冷やごはんでもおいしくできます。トリはひき肉でもけっこうです。
雑炊は、ごはんを長く煮ないほうがおいしいものです。

●冷やごはんは洗って入れる

●玉子は細く全体に流す

材料（2、3人前）

ごはん	お茶碗2杯
トリのささみ	2枚（100ｇ）
玉子	2コ
ねぎ	少々
かつおダシ	カップ4杯
日本酒	

1人前　245kcal

作り方

1　ささみはスジをとり、庖丁でたたくようにしてひき肉のように細かく切ります。

　土鍋か厚手のナベに、ダシをカップ4杯とり、すぐトリ肉を入れてよくほぐし、塩茶サジすり切り1杯、しょう油茶サジ1杯で味をつけ、アクをとります。

　ザルにごはんをとり、ざっと水で洗います。炊きたてのごはんのときはそのままです。

2　ダシが煮立ってきたら、ごはんを入れ、日本酒大サジ3杯を入れます。4、5分で火を止め、玉子をといてまわし入れ、きざみネギを散らして出来上りです。

とりと青菜のおかゆ

白がゆをトリガラのスープでのばし、好みの具をのせる北京風のおかゆです。冷めるとまずくなりますから、熱いうちに召し上がってください。

材料（3人前）
おかゆ　カップ5杯
トリガラスープ
トリのささみ　150g
青梗菜　1株
玉子の白味、日本酒
片栗粉、揚げ油

1人前　290kcal

作り方

1　ささみを油通しします。まず、スジを庖丁の背でしごいて抜き、タテに切ってから、そぎ切りにします。
　これをボールにとり、塩茶サジすり切り$\frac{1}{2}$杯と日本酒茶サジ2杯を入れて、よくまぜて下味をつけます。

2　ここへ玉子の白味を大サジ1杯ほど入れてからめたあと、片栗粉を大サジ1杯加え、手で全体にまぶしつけます。

3　ナベを熱くしてから新しい油をカップ2杯ほど入れて、150度くらいになったらトリを全部入れ、箸でほぐします。ほぐし終わったらすぐ火を止め、ひき上げます。

4　青梗菜《チンゲンサイ》は色よくゆでて、茎のところは細く割ってから、長さ2、3センチほどに切ります。

5　スープでのばしたおかゆを熱くして、ささみと青梗菜を入れ、ひといき煮てから、器に盛ります。

■中国ふうの基本のおかゆ

1　お米から炊くと、時間はかかりますが、お米のうまみが味わえます。米粒はくずれていいので、大きいナベでぐらぐらわかして炊けばよく、これは日本の白がゆより気楽です。

2　水はお米の七、八倍にして、40～50分も炊き、米粒がやわらかくなったら、あと水気をとばしてかたいおかゆに仕上げます。

3　こうして炊くと、カップ1杯のお米がカップ5杯ほどのおかゆになります。これをトリガラのスープカップ3杯半位で火を入れながら好みにのばし、塩を茶サジ1杯ほど入れてうす味をつけます。

　これでだいたい3人前です。

＊トリガラのスープのとり方は、74頁をごらんください。

豚肉とツアサイのおかゆ

作り方

1　豚肉は長さ4㌢位の細切りにします。ツアサイも肉と同じに切って、ぬるま湯で3回ほど、もみ洗いをして塩気を抜きます。

2　ナベを熱くして、油を大サジ1杯とり、ネギのセン切り一つまみと豚肉を入れ、すぐしょう油を茶サジ1杯入れて炒めます。

　火が通ったらツアサイを入れて炒め、最後に砂糖茶サジ$\frac{1}{2}$杯をナベ肌でちょっとこがして全体にまぜます。こうすると、おいしそうな色に仕上ります。

3　熱いおかゆを器につぎ、炒めた肉とツアサイを好みにのせます。

材料（3人前）

おかゆ	カップ5杯
トリガラスープ	
豚もも肉薄切り	100g
ツアサイ	100g
ねぎのセン切り	少々

1人前　280kcal

スパゲティ ミートソース

玉ねぎ、にんじん、トマトの味を生かし、固形スープを使って、カンタンにおいしいソースができます。作りおきがきくし、冷凍もできますから、前もって作っておくと、出かけるときなど重宝します。この他にキャベツやセロリ、マッシュルーム、椎茸などを加えても。

作り方

１　玉ねぎとにんじんを、細かく、ミジンに近いくらいにきざみます。ニンニクもミジン切りにします。トマトの水煮はザクザク切るか、フォークでつぶして、汁ごと使います。

２　厚手のナベにバタを大サジ２杯とって、ニンニクを炒め、つづいて、にんじん、玉ねぎの順に入れて、３分くらい炒めます。

次に、ひき肉を入れて、ほぐすようにしながら、いっしょに炒めます。

肉に火が通ったら、塩茶サジすり切り１杯とコショーを入れ、小麦粉を茶サジ１杯ふり入れて全体にからめます。最後にワインを大サジ２杯入れて、ざっとまぜます。

■スパゲティのゆで方

スパゲティ100グラムに対して、お湯1リットルに塩茶サジ山1杯が目安です。

深ナベにお湯をわかし、塩を入れてスパゲティを広げるように入れます。ときどき菜箸でかきまぜながら、歯ごたえがあるくらい固めにゆでて、ザルに上げます。

具やソースは、麺のゆで上りを見はからって用意します。

材料（4人前）

スパゲティ	400ｇ
牛ひき肉	300ｇ
玉ねぎ	大1コ
にんじん	1本（150ｇ位）
ニンニク	2片
固形スープ	2コ
トマト水煮缶	1缶（400ｇ）
小麦粉、バタ、ワイン	

1人前　750kcal

3　そこに固形スープ2コをきざんで入れ、水カップ1杯半と、トマトを汁ごと入れて、野菜がやわらかくなるまで煮ます。

ときどきかきまぜながら、トロミがついてきたら、味をみて塩を足します。好みでウースターソースやしょう油を少しまぜてもけっこうです。

スパゲティはたっぷりの湯で、固めにゆでます。

ゆだったらザルに上げて、湯気をとばし、熱いうちにバタかオリーブ油をからませて皿に盛り、ミートソースをかけます。好みで上におろしチーズをかけて、いただきます。

すぐできるスパゲティ三種

スパゲティのゆで方は23頁

アサリのスパゲティ

材料（２人前）	
スパゲティ	180ｇ
アサリ（殻つき）	400ｇ
トマト	小１コ
ニンニク	２片
パセリ	少々
白ワイン	カップ½杯
オリーブ油	

１人前　630kcal

アサリをニンニクとトマトと炒めてスパゲティにまぜます。むきみが手に入るときは、むきみですると、いただくとき、いちいちカラを出さずにすみます。

作り方

1　アサリを洗って水を切っておき、トマトを7ミリ角に、ニンニクとパセリをミジンに切ります。

2　ナベにアサリを入れて火にかけ、白ワインをふりかけてフタをし、貝が口を開けたら火を止めておきます。

3　フライパンにオリーブ油を大サジ2杯とってニンニクを炒め、ニンニクが少し色づいたらトマトを入れ、形がくずれない程度にサッと炒めます。そこへアサリをカラのまま汁ごと入れ、少し煮つめて塩コショーで味をととのえ、固めにゆでたスパゲティを入れてからめます。貝の味が全体にしみたら、パセリを加えて合わせ、火を止めます。

サーディン入りペペロンチーノ

ニンニクと唐辛子がきいてピリッとした大人向きの味です。サーディンなしで、さっぱりいただいてもけっこうです。

材料（２人前）

細いスパゲティ	200ｇ
ニンニク	２片（うす切り）
オイルサーディン	１缶（70ｇ）
赤唐辛子（種をとり小口切り）	２本分
オリーブ油	大サジ４杯
黒コショー	

１人前　805kcal

作り方

1　フライパンにオリーブ油とニンニクを入れ、ニンニクがキツネ色になるまで火にかけて、油に香りがついたら、ニンニクを取り出します。

2　ここにサーディンと赤唐辛子を入れ、少し固めにゆでた、ゆでたてのスパゲティを加えて、勢いよく炒め、黒コショーと塩で味をととのえます。好みでサーディンの油を加えてもかまいません。

3　お皿に盛り、取り出しておいたニンニクをのせ、一緒にいただきます。

ハムとマッシュルームのスパゲティ

生クリームと白ワインの、コクのあるおいしさです。

材料（２人前）

スパゲティ	180ｇ
マッシュルーム（うす切り）	10コ分
ロースハム（短冊切り）	５、６枚分
生クリーム	カップ½杯
白ワイン	大サジ２杯
バタ	大サジ１杯
パルメザンチーズ	大サジ１杯
パセリ（ミジン切り）	少々

１人前　745kcal

作り方

1　まず、ソースを作ります。
フライパンにバタをとかし、マッシュルームとハムを炒め、白ワインを加えて香りづけをします。
ここに生クリームを加えて、弱火で水気が半量くらいになるまで煮つめ、塩、コショーで濃いめの味にととのえます。

2　ゆでたてのスパゲティの水気をよく切り、このソースであえます。チーズとパセリをふり、熱いうちにいただきます。

えびと青梗菜の焼きそば

塩味の、サッパリした焼きそばです。麺は、炒める前に、袋ごと電子レンジで温めておくと、ほぐれやすくて、ナベにもつきません。

材料（２人前）

むきエビ	100ｇ
青梗菜	大２株
ねぎ	10㎝
玉子の白味	½コ分
焼そば用蒸し麺	２玉
揚げ油、片栗粉	

１人前　460kcal

作り方

1　ネギはタテに四つ割りにして5㌢に切ります。

青梗菜は、根元をおとし、幅の広いところをタテに三つくらいに切ってから、二つか三つに切ります。

2　エビに塩少々と玉子の白味半コ分をまぶし、片栗粉茶サジ2杯を入れて全体にからめます。

これを油通しします。ナベを熱くして、新しい油をカップ1杯ほどとり、油がぬるいうちにエビを入れて、箸でさばきながら火を通し、色が赤くなったらひき上げて、油を他へ移します。

麺を袋ごと電子レンジに2分くらいかけてほぐします。

3　ナベを熱くして、油大サジ1杯を入れ、まずネギを炒めます。ネギの香りがでてきたら、青梗菜を入れて炒めます。そこへ麺を入れ、塩茶サジ½杯、しょう油茶サジ2杯で味をつけます。

最後にエビを入れて、全体にまぜて火を止めます。

イカとねぎの焼きそば

ねぎ風味のしょう油味のアンをかけた焼きそばです。サッと炒めて出来たてをいただきます。イカは、ここではアオリイカを使いましたが、ロールイカでも、するめイカでも。

材料（2人前）

イカの身	100ｇ
ねぎ	1本
焼そば用蒸し麺	2玉
片栗粉	

1人前　600kcal

作り方

1　イカは、細かく格子に庖丁を入れて、幅2センチ、長さ3センチぐらいの一口大に切り、熱湯にくぐらせて、ザルに上げて水を切っておきます。

ネギは青いところも使います。6センチくらいの長さに切ってから、細切りにします。

麺は、電子レンジに袋ごと2分くらいかけて、ほぐしておきます。

2　ナベを熱くし、油を大サジ2杯入れ、ネギを半分入れて炒めます。

そこにほぐした麺を入れて炒め、塩茶サジ1/3杯で軽く味をつけ、皿に盛ります。

3　ナベを火に戻して、油を大サジ1杯とり、残りのネギを入れて炒めます。香りが出たらイカを入れ、しょう油大サジ3杯をからめます。

片栗粉大サジ1杯を水大サジ5杯で溶き、加減をみながらまわし入れ、トロミがついたら火を止めて、皿に盛った麺にかけます。

和風ダシのとり方

昆布とかつおぶしのダシ

いいダシをとるには、多少値段が高くても、できるだけ上等の材料を用意します。品質のいいものが、やはり、味もいいのです。ただ、たくさん使えばいいわけではなく、いいものをいかに上手に使うかが大事です。

　昆布は真昆布や羅臼、利尻などの、厚みがあって、幅が広く、平らにのびているものがいいものです。

　かつおぶしは袋入りの削りぶしでけっこうですが、うすくて幅があり、光ったようにきれいなものを選びます。

吸いもの用（5杯分）

1　材料は昆布15センチ（約15グラム）、かつおぶし20グラム。昆布に白い粉がふいていたら、これもうまみの一つですから、洗わずにかたくしぼったフキンでサッと拭く程度にします。

2　ナベに水をカップ5杯とり、昆布をいれて、20～30分そのままおいてから火にかけます。水の温度がゆっくり上がるように中火にします。煮立つ直前に昆布がのびてフーッと浮き上がったところで、昆布を引き上げます。

3　その後、かつおぶしをナベ全体にひろがるように入れて、もう一度ぐらぐらと煮立ったら、すぐに火をとめて、かつおぶしが沈むまでおきます。

4　フキンをぬらして、かたくしぼってザルにしき、ダシをこします。このとき、早くこしたいとか、もったいないからと、かつおぶしをギュッとしぼってはいけません。せっかく、きれいに澄んだダシがにごってしまいます。自然に汁がたれないようになるまで待ちます。

　吸いもの用のダシは煮立てないこと、しぼらないこと、これがコツです。

＊時間があれば、分量の水に昆布を4～5時間つけておくと、自然にうまみが水の中にでてきます。火にかけるときは昆布をぬいて、煮立ったらかつおぶしを入れて、同じようにこします。

鍋や煮もの用のダシ（10杯分）

1　材料は昆布30センチ（約30グラム）、かつおぶし30グラム。これは、吸いもの用よりも濃くないとおいしくありません。

2　ナベに水をカップ13杯とって、20～30分、昆布をそのままつけておきます。それから中火にかけて煮立つ直前に昆布を引き上げます。

3　煮立ったらかつおぶしを入れ、火を少し弱くして20分ほど煮出します。ザルに、かたくしぼったフキンをしいてこします。

煮干しのダシ

　煮干しのダシは、昆布やかつおぶしでとったものにくらべて、味が濃厚です。味噌汁のように、味噌そのものが濃厚だと、淡白なダシではまけてしまいますから、味噌汁には煮干しがよくあいます。また、野菜などの煮ものにもけっこうです。

　おいしいダシをとるには、やはりいい煮干しです。よしあしを見分けるには、まず姿をみます。お腹が破れて、そっくり返っているのはいけません。青く光っているのがよさそうですが、ほんとうにいいのは、白く光っていて皮がはがれたりしていないものです。黄色いのは脂やけでいちばんダメなものです。

味噌汁用（5杯分）

1　カップ6杯の水に煮干し一つかみ（約30グラム）を用意します。煮干しはそのままよりも、身を割ったほうがダシがよくでます。まず頭をとって、それから身を二つに割り、お腹の黒いワタはとってすてます。

2　ナベに煮干しを入れて中火にかけ、フタをしないで、汁が黄色くなるまで10分くらい煮出します。煮すぎると魚くさくなりますから気をつけます。

3　煮出したらアミ杓子でこします。

＊朝の味噌汁用なら、前の晩から水の中につけておく方法がおすすめです。それだけでかなりダシがでていますから、煮立てずに使えます。

野菜のおかず

筑前煮き

野菜

こういうものは、多めに作らないと味がでません。たくさん作っておすそ分けするとよろこばれます。トリ肉の代りに、豚や牛のこまぎれでもいいし、干椎茸を入れてもわるくありません。

作り方

1　野菜もこんにゃくも、みな親指の先くらいの大きさに切ります。

ごぼうは庖丁の背で皮をこそげて、少し斜めにまわし切り、にんじんも、皮をむいて1センチの輪切りにしてから、四つに切ります。れんこんも同じように切ります。

こんにゃくは小さくちぎり、サッとゆがきます。トリ肉もたべよい大きさに切ります。グリンピースは塩ゆでしておきます。

2　厚手のナベに油を大サジ3杯とり、熱くなってきたら、まず、トリ肉を入れ、用意の野菜とこんにゃくを入れてよく炒めます。

材料（5、6人前）

ごぼう	1本（200ｇ）
にんじん	1本半（300ｇ）
れんこん	1節（300ｇ）
こんにゃく	1枚
トリ肉	200ｇ
グリンピース	少々
片栗粉、しょう油	

1人前　250kcal

3　炒まったら、砂糖大サジ3杯を入れ、砂糖がとけたら、しょう油カップ1/2杯と水カップ4杯を加えて、フタをして煮てゆきます。火加減は、煮立ってきたら中火に落します。

　だいぶ煮つまってきたら、一度味をみて、好みで砂糖をたすなり、しょう油をたすなりします。

4　水気がひいて、汁がなくなってきたら、片栗粉茶サジ2杯を同量の水でといて、様子をみながら入れ、よくかきまぜて、汁が全体にからみついたら出来上がりです。

　グリンピースをいろどりにちらします。

たけのことふきの土佐煮

野菜

うす味に煮き上げた、たけのことふきに糸かつおをたっぷりかけます。

掘りたてのたけのこが手に入ったときなどは、ぜひ作ってみて下さい。たけのこやふきがこんなにおいしいものだったかと思われるはずです。

かつおぶしは、手でかいたものが一番ですが、削りぶしを一度カラッと煎って、細かくしたものでもけっこうです。

たけのこをゆでるのはちょっと時間がかかりますが、出盛りには自分のところでゆでて売る店もあります。そんなのが買えれば、ゆでる手間がはぶけます。

材料（４人前）

たけのこ	２本（900ｇ）
（ゆでたけのこなら600ｇ）	
ふき	１束
みりん、日本酒	
昆布とかつおのダシ	
昆布	５㎝角
かつおぶし、あれば木の芽	
ぬか	カップ½杯

１人前　95kcal

■たけのこのゆで方

たけのこは皮の泥をおとし、頭を斜めに落して、中心にむかって、身にとどくぐらいの深さに、ひとすじ庖丁を入れます。こうすると、ゆでるとき、火が通りやすいし、皮もむきやすくなります。

ナベにたけのこを入れ、水をたっぷり入れて火にかけます。ヌカを二つかみ入れ、落としブタをしてゆでます。ヌカがないときは、米のとぎ汁で代用します。時間は1時間ちょっとぐらいです。

竹串でもさしてみて、すぐ通るようになればゆで上がっています。ゆだったら、とり出して水につけて冷やし、皮をむきます。

●頭を落して、庖丁目を入れる

●ヌカを入れてゆでる

作り方

1　ゆでたたけのこをタテ半分に割り、上の方は6センチ位の長さに切り、それを1センチ厚さくらいのクシ形に切ります。下の方も1センチ厚さに切って、固いところは庖丁目を入れます。

2　ふきはナベの大きさに合わせて切り、塩をまぶしてゆがきます。やわらかくなったら水にとり、皮をむきます。太いものは半分に割り、6センチ位の長さに切ります。

3　たけのこをナベに入れ、かつおぶしと昆布のダシをカップ3杯、日本酒カップ1/4杯、砂糖茶サジ2杯、みりん茶サジ1杯、塩茶サジすり切り1杯、しょう油茶サジ1杯、昆布を入れて、アクをとりながら20分くらい煮て火を止め、昆布を出します。

しばらくたってから、ふきを入れ、味がつくまで煮ます。

器に汁気を切って盛り、かつおぶしを細かくしてかけ、あれば木の芽をとめます。

大根と豚の角煮ふう

野菜

豚のバラ肉を大きく切って、大根といっしょに気長に煮ます。大根に豚のうま味が芯までしみ込んでいます。

材料（4人前）

豚バラ肉	500g
大根	1本（700g）
しょうが	少々

1人前　570kcal

作り方

1　豚肉を5、6㌢角に切ります。

少し大きいようですが、このくらいに切っておかないと、煮ているうちに身がくずれてしまいます。

大根はよく洗い、皮のついたまま、3㌢ぐらいの厚さに輪切りにします。太かったら半分に切ります。

2　厚手の大きめのナベを用意し、豚肉と大根を入れて、水をカップ6杯ほど加えます。落しブタをして強火にかけます。煮たってきたら中火におとしてアクをすくい、コトコトとたっぷり1時間は煮ます。途中で水がへってきますから、カップ2杯ほどたします。

3　豚に箸をさしてみて、すぐ通るぐらいやわらかくなったら、砂糖大サジ1杯、塩茶サジ1/2杯、しょう油大サジ2杯で味をつけ、また煮つづけます。1時間ぐらいで、汁がだいたいつまってきたら出来上がりです。

器に盛って、上からしょうがのしぼり汁をかけます。

肉じゃが

材料（3人前）

牛肉(すき焼き用薄切り)	200ｇ
じゃがいも	4コ（500ｇ）
にんじん	小1本（100ｇ）
玉ねぎ	2コ（400ｇ）
絹さや	ひとつかみ
しらたき	1コ
日本酒	

1人前　385kcal

牛肉は、ほどほどに脂がある切り落としで十分です。水を入れずに煮くので水っぽくなりません。ふつう、にんじんは入れませんが、入れると彩りがよくなります。

作り方

1　じゃがいもは皮をむき、1.5センチぐらいの厚さに切ります。にんじんは2、3ミリ厚ぐらいに切ります。玉ねぎは半分に切って、やはり1センチぐらいのザク切りです。絹さやは筋をとって、サッとゆでておきます。

2　しらたきはゆでてから適当な長さに庖丁を入れておきます。牛肉は大きかったら、二つか三つに切っておきます。

3　ナベにしょう油大サジ4杯、日本酒大サジ3杯、砂糖大サジ1杯半をとり、一番下に肉を入れ、その上にしらたき、にんじん、じゃがいもと入れてゆき、一番上に玉ねぎを入れて、フタをして火にかけます。

4　煮立ってきたら火を中火にして、汁がなくなるまで10分ほど煮て、ナベを持って、中の具をよく返します。

豚とわけぎの酢みそあえ

材料（4、5人前）

豚ロース薄切り	150g
わけぎ	1束
もやし	100g
ねりみそ（2回分）	
赤みそ	150g
玉子	1コ
日本酒	カップ⅓杯
砂糖	大サジ4杯
ねり辛子、酢	

1人前　140kcal

酢みそといえば、魚や貝をあえることが多いのですが、豚肉やもやしもわるくありません。

作り方

1　豚肉は、しゃぶしゃぶ用の薄切りを一口くらいに切り、熱湯でサッとゆがいてザルに上げ、冷まします。

わけぎは3㌢に切って、手早くゆで、水に落さずザルにそのまま上げます。もやしも、サッとゆでて、ザルに上げて冷まします。

2　ナベにみそをとり、玉子、日本酒を入れてよく溶きまぜ、中火にかけます。ドロッとしてきたら砂糖を入れて、焦がさぬように、もとのみそのかたさ位になるまでねります。

ねりみそを半分、ボールにとって、ねり辛子を大サジ2/3杯と酢を大サジ1杯入れ、よくまぜ合せます。ここに、豚肉、わけぎ、もやしを入れてあえます。

＊早くあえると水が出ますから、たべる直前にあえます。

菜の花の辛子あえ

材料（4人前）

菜の花	1束（200g）
赤ピーマン	½コ（40g）
カニの身	50g
辛子じょう油	
かつおダシ	大サジ3杯
しょう油	大サジ1杯
ねり辛子	

1人前　30kcal

菜の花に赤ピーマンをとり合わせた彩りのいい和えものです。カニはなくてもいいし、かまぼこでもいいでしょう。

作り方

1　菜の花は、葉と花を一口大に切ります。軸はたたいて、やわらかくして使います。

赤ピーマンは両端を落とし、タネをとり、タテに細く切ります。

2　菜の花とピーマンを熱湯でサッとゆがいて、水にとります。

3　ボールに分量のダシ、しょう油を合わせ、味をみながら、辛子を少しずつとき入れます。

ここへ菜の花と赤ピーマンを水気をしぼって入れてよくあえ、あらくほぐしたカニを合わせます。

菊花の酢のもの

材料（4人前）

食用菊	ひとつかみ
えのき茸	1パック
生椎茸	2枚
ほうれん草	2株（60ｇ）
三杯酢	
酢	大サジ3杯
砂糖	大サジ1杯半
塩	茶サジ½杯
薄口しょう油	茶サジ½杯

1人前　25kcal

菊の花やキノコが入った、季節の酢のものです。菊の花は花びらだけを使います。

ほうれん草などの青みの色は、時間がたつと色がとびますから、いただく直前に合わせます。

作り方

1　菊の花はガクをはずしてバラバラにし、酢をたらした湯で、サッとゆがいて、ザルに上げて冷ましておきます。

2　椎茸は軸をとって、アミでちょっと焦げめがつくぐらい焼き、5ミリ幅に切ります。

3　ほうれん草は根を落とし、3センチ位に切って、ゆがき、水にとって色止めします。えのき茸も根を落とし、3センチほどに切って、サッとゆがき、冷まします。

4　ボールに三杯酢を作り、用意した材料を、もう一度水気を切って全部入れ、よく合わせて器に盛ります。

はんぺんのわさびおろしあえ

大根おろしに、よくきいたわさび漬けを加えると、なかなかおいしいおろしが出来ます。さつまあげや天ぷらかまぼこなども試してみて下さい。

作り方

1　大根を、たっぷりカップ1杯ぐらいすりおろして、水気を切ります。これをボールにとり、この中にわさび漬を入れて、よくよくまぜ合せます。

はんぺんは、真ん中から二つに切って、端から5、6ミリ厚さに切ります。

2　わさびおろしの中にはんぺんを入れて、あえます。強くあえると、はんぺんがくずれますから注意します。

食卓で、各自好みの量のしょう油をかけていただきます。

＊はんぺんをこんがり焼いてからあえても、いいものです。

材料（4人前）

はんぺん	中2枚
わさび漬け	大サジ2杯
大根	10㎝

1人前　60kcal

ピーマンと牛肉の細切り炒め

野菜

青椒肉絲《チンジャオロースー》の家庭版。牛肉を細く切ってやわらかく揚げるのがコツです。
もやしのヒゲ根をとるのは手間ですが、これで一段とおいしさが増します。

作り方

1　ピーマンはタネをとり、タテに細く切り、熱湯をザッとかけておきます。
もやしは、少し面倒ですが、頭についている豆と、ヒゲ根をとります。こうすると、口当りがずっとよくなります。ネギは長さ3、4センチのセン切りにします。

牛肉は、センイにそってピーマンよりやや長めの細いセン切りにします。肉は、かたまりで冷凍して、前もって冷蔵庫に移して少しやわらかくしておくと、薄く細く切ることができます。

2　肉を油通しします。
肉をボールにとり、しょう油大サジ1杯を入れて手でよくまぜ合せ、ほぐした玉子1/2コ分、片栗粉大サジ1杯半を加え、よくまぜて少しそのままにしておきます。

ナベを火にかけて熱くし、油を少し

■油通しの上手なやり方

下味をつけた肉や魚を、低温の油に通すと、表面が固まって、うまみや水分が逃げず、口当たりもふっくらと軟らかくなります。

1　材料に下味をつけ、玉子をほぐして、まぶしつけます。材料の色をきれいに仕上げたいときは、玉子の白味だけをまぶします。ここに片栗粉を加え、よくまぜて、そのまま少しおきます。

2　ナベを火にかけて熱くし、少し油を入れます。材料がやっと浸るくらいの量です。

3　油がまだぬるいうちに、肉や魚を一度に入れます。ひと息おいて、箸でぐるぐるかき回してほぐし、火を弱めます。

かき回すのが早すぎたり、火が弱すぎると、白味がすべり落ちて、ナベ底にモロモロたまってしまいます。

4　肉や魚の色が変わってきたら火を止め、アミなどで引き上げます。中は半生でいいのです。油をほかへあけます。

材料（4、5人前）

牛もも肉	200ｇ
ピーマン	8コ
もやし	カップ1杯
玉子	½コ
ねぎ	½本
片栗粉、日本酒、揚げ油、ゴマ油	

1人前　215kcal

入れて、まだ油がぬるいうちに、肉を一度に入れます。箸でぐるぐるかきまわして、肉をほぐし、火を弱めて、肉の色が変ったらひき上げて、油をほかへあけます。

3　まず、ナベに油を大サジ3杯とって、強火でネギをサッと炒め、つづいてもやしを入れ、次にピーマンを入れて軽く炒めます。ここへ、しょう油大サジ2杯、日本酒大サジ1杯を入れて炒め、味がまわったら肉を入れます。

全体をまぜ合せ、味をみて好みに塩かしょう油をたし、火を止めます。香りづけにゴマ油を茶サジ1杯ほどふって出来上がりです。

なすとしし唐のしょう油煮

夏の味覚、ナスとしし唐を、じゃこといっしょに煮ます。食欲のないときなどに、なによりのおかずです。

作り方

1　ナスはタテに二つに割って、それを二つか三つに切っておきます。しし唐はサッと洗ってヘタを切り、ザルに上げておきます。じゃこはゴミをとってきれいにしておきます。

2　厚手の大きめのナベに、油を大サジ3杯ほど入れ、ナスとしし唐を入れて、じゅうぶんに炒めます。そのあとじゃこを入れます。

3　全体によく火が通ったら、砂糖を大サジ山2杯入れてまぜ、とけたら水カップ2杯、しょう油大サジ3杯を入れて、中火で汁気のなくなるまで、ときどきかきまぜながら煮ます。

●じゅうぶんに炒める

材料（4、5人前）

ナス	大6、7コ
しし唐	150g
じゃこ	カップ1杯（80g）

1人前　175kcal

なすの田舎ふう

ナスを油で炒めて、しょう油だけで煮き上げます。さやいんげんなどをいっしょに煮いてもけっこうです。

作り方

1　ナスはヘタをとり、タテ半分に切って、斜めに三つぐらいに切ります。

2　厚手のナベに油を大サジ3杯ほどとり、この中にナスを入れて、よく炒めます。ナス全体に油がしみて軽く色がついてきたら、かつおダシカップ1杯（即席ダシと水でも）、しょう油大サジ2杯を入れて中火にかけます。

焦がさないようにかきまぜながら、水が足りなければ少したして、口の中でとけるぐらいのやわらかさに、汁気がなくなるまで煮きます。

材料（3、4人前）

ナス	大6コ（500g）
かつおダシ	

1人前　135kcal

揚げなす

ナスを丸のまま、中まで火の通るように揚げると、油をふくんでとろけるようになります。
それを、たっぷりの天つゆでいただきます。

作り方

1　ナスはヘタをとって、先を少し切りおとします。中まで火が通るようにタテにぐるりと1センチぐらいの間隔に、庖丁で切りこみを入れます。
　ぬれていると、揚げるとき油がはねるので、ナスをよくふいておきます。

2　ナベにたっぷり油をとって火にかけ、ナスを揚げます。ナスを入れたら火を中火にして、順番にひっくり返しながら、芯まで火が通るように気長にゆっくり揚げます。箸ではさんでみて、やわらかくなっていたら揚がっています。

3　六杯だしの天つゆを作ります。みりん1、しょう油1、ダシ4の割合です。みりんを煮切り、そこへしょう油を入れ、煮立ったらダシを入れて煮立てます。

4　大根をカップ1杯ほどおろし、一味唐辛子を好みにまぜます。ネギは青いところもいっしょにきざみ、フキンにつつんでサッと洗います。
　器に、揚げたてのナスを、一人に2コずつもって、上から熱い天つゆを、お玉に1杯ずつかけます。この上に薬味のネギと、大根おろしをたっぷりのせます。

材料（5人前）

ナス	10コ
大根	10cm
ねぎ	細め2本
一味唐辛子、揚げ油	
天つゆ	
みりん	カップ½杯
しょう油	カップ½杯
かつおダシ	カップ2杯

1人前　290kcal

●箸ではさんで揚がり具合をみる

白菜とかまぼこの煮びたし

材料（3、4人前）

白菜	6枚（750g）
焼きかまぼこ	2コ（1コでも）
かつおダシ	
白ゴマ、みりん、片栗粉	

1人前　150kcal

小松菜と揚げの煮びたし

材料（3、4人前）

小松菜	1束（400g）
油揚げ	1枚
煮干し	30g

1人前　55kcal

煮干しでていねいにダシをとり、そのダシで菜っぱを煮ます。油揚げを入れることで、おいしさが増します。大根やカブの葉でも。

作り方

1　煮干しをカップ6杯ぐらいの水につけておきます。これを火にかけグラグラしてきたら、中火にして20分ぐらい煮ます。煮干しはニガミが出ることがあるので、身を二枚に割り、ワタをとって使います（煮干しのダシのとり方は28頁）。

2　小松菜は根の方をよく洗い、3センチぐらいにザクザク切りします。揚げは、タテ半分に切ってから細切りにします。

3　ナベにダシをカップ3杯とって、これに砂糖茶サジ2杯、しょう油大サジ3杯、塩茶サジ$\frac{1}{2}$杯を入れて味をつけます。煮立ってきたら、揚げを入れ、つぎに小松菜を入れます。小松菜がやわらかくなったら、火を止めて、しばらくおいて器に盛ります。

かまぼこのおいしさが白菜にしみ込んだ、おつゆたっぷりの煮びたしです。

作り方

1　白菜は白いところはタテに庖丁を入れてから、庖丁をねかせてそぐようにうすく切ります。

　かまぼこも庖丁をねかせて、出来るだけうすく切ります。

2　ナベにみりんをカップ$\frac{1}{2}$杯とって強火にかけ、ワーッと煮立てて、アルコール分をとばします。

　ここへかつおダシをカップ5杯入れ、しょう油大サジ3杯で味をつけます。煮上ってきたら白菜を入れ、ちょっとやわらかくなったところで、かまぼこを入れます。

　強い火で、白菜がくたくたになるくらいに煮ます。白菜の水気で味がうすくなりますから、味をみてうすいようだったら、しょう油をたします。

　片栗粉大サジ山1杯を、大サジ3杯の水でといて入れます。

　ゴマを、香ばしく煎って、切りゴマにし、いただくときに各自にかけます。

野菜

ほうれん草とちくわの玉子とじ

材料（3、4人前）

細めの竹輪	2本
ほうれん草	約300ｇ
玉子	2コ
かつおダシ	
みりん	

1人前　135kcal

ちくわを、紙のようにうすく切るので、口当りがよく、味もやさしい玉子とじです。

作り方

1　ほうれん草は塩を落した中でおひたしにするくらいにゆがいて水に放し、かたくしぼって3センチぐらいの長さに切ります。

　竹輪は小口から、できるだけうすくきざみます。

2　煮汁を用意します。みりん大サジ1杯を煮切って、かつおダシカップ1杯半を入れ、しょう油茶サジ2杯、塩茶サジ$\frac{1}{2}$杯で味をつけ、煮立てます。

　平たいナベにほうれん草をひろげるように入れて、上から竹輪をちらします。この上から煮汁を入れて、火にかけます。

　グツグツと煮上ってきたら、玉子をよくといて、上からとじるようにかけて、火を止め、フタをします。

　煮すぎると、玉子にスが入っておいしくないし、早く出来上って冷えてしまってもまずいものですから、玉子でとじるのは頃合いをみてからにします。

かぼちゃとピーマンの炒め煮

野菜

大ぶりに切ったかぼちゃとピーマンを甘辛く煮込みます。意外なとり合わせですが、これが不思議においしいのです。

●焦がさないように炒める

材料（4、5人前）

かぼちゃ	大¼コ（500ｇ）
ピーマン	5コ
かつおダシ	

1人前　155kcal

作り方

1　かぼちゃはタネとワタをとって大きめの乱切りにします。ピーマンはタテ二つに切ってタネをとり、そのまま使います。大きかったら三つ割りでも。

2　厚手のナベに油を大サジ2杯とり、焦げつかないようにかきまぜながら、かぼちゃを炒めます。切り口が少し色づいてきたら、ピーマンを入れ、火が通って青っぽくなってきたら、砂糖大サジ2杯を入れます。

　砂糖がとけて全体にまざったら、しょう油大サジ3杯と、かつおダシをカップ1杯半入れます（即席ダシと水でも）。

　はじめは強火でダシが上まで上がるようにしばらく煮たら、火を弱めて、ときどきまぜながら、焦がさないように煮ます。

　ピーマンがぐちゃぐちゃにならないうちに火を止めます。

里芋のふくめ煮

里芋は、からく田舎ふうに煮るのもおいしいものですが、こういうふうにうす味に煮含めたのも、いもの味がいきて、いいものです。柚子を散らすと、なかなかのご馳走になります。

●下ゆでしてヌメリをとる

材料（3、4人前）

里芋　500g
柚子かだいだいの皮
かつおダシ
みりん

1人前　65kcal

作り方

1　里芋は皮をむき、小さかったら二つに、大きいものは三つか四つにコロリと切ります。こいもだったら、皮をむくだけでそのままです。これをたっぷりの水で、水からゆでます。ヌメリをとるためですから、煮立って2、3分、ゆですぎないようにします。水で洗ってヌメリをとります。

2　いもをナベにもどし、かつおダシカップ2杯に、みりん大サジ1杯を入れて火にかけます。そこにしょう油茶サジ2杯、砂糖大サジ1/2杯、塩茶サジ1/2杯を入れて味をつけ、落しブタをします。煮上ってきたら火を弱めて、ことこと煮て味をよくふくめ、火を止めてしばらくおきます。

3　盛りつける前にザルに上げて汁をきり、器に盛った上から、柚子かだいだいの皮の細切りを散らします。柚子は、おろしがねでおろしながら、パラパラとかけてもけっこうです。

じゃがいもとトリ手羽のうま煮

野菜

じゃがいもやにんじんに、トリの手羽のうまみがしみ込んで、トリよりおいしいくらいです。じゃがいもは、できれば小ぶりのメイクイーンが煮くずれが少なく、仕上がりもきれいです。

作り方

1　まず、手羽先のはねのような先を落とします。関節と関節の間に庖丁を入れるとラクに切れます。

じゃがいもは皮をむき、二つか三つにコロリと切って、角を落とします。

にんじんは3センチくらいに切って、半分に割り、これも写真のように、角を落として面取りします。細いところは割らずにそのまま使います。

2　フライパンに油を大サジ2杯とり手羽中を外側を下にして入れ、中火で焼きます。しっかり焼き色がついたら返し、全体がキツネ色になり、おいしそうな焦げめがつくまで焼きます。油が多いと焦げめがつきません。

■針しょうがの作り方

しょうがの皮をむいて、タテ長になるようにおき、すわりが悪かったら、下になるところをちょっと落としてすわりをよくし、端から、できるだけうすく、紙のように切っていきます。

それを重ねて、こんどはできるだけ、細くきざみます。なれないと、つい太く爪楊枝ぐらいになりがちですが、これは文字通り針のように細いほどいいのです。

これをきざんだはしから、水にさらしておきます。

辛味がほどよく抜けたら、水を切ってフキンにとり、水気をとってパラリとさせます。

野菜

1

2

3

材料（4人前）

トリの手羽先	12本
じゃがいも	中4コ(1コ120g)
にんじん	2本(1本150g)
しょうが	少々
日本酒、みりん	

1人前　570kcal

焦げめがついたら、切り離した先のほうも入れて、焼きます。

3　大きめのナベに、手羽中と切った先も入れ、じゃがいも、にんじんも一緒に入れます。ここに水カップ6杯を加え、みりんカップ1/2杯、日本酒カップ1杯、砂糖茶サジ2杯を入れ、フタをして強火で煮ます。

煮たってきたら、火を中火より少し弱くして、20分煮ます。そこへ、しょう油を大サジ3杯半入れて、煮つづけます。

はじめから2時間近く煮て、汁が煮つまってきたら、たき上がりです。

鉢に盛り、針しょうがをのせます。

カリフラワーとりのしょう油煮

野菜

材料（5、6人前）
トリもも肉　1枚（200ｇ）
カリフラワー　1株（500ｇ）
ねぎ　4㎝
玉子の白味　1コ分
揚げ油、しょう油、片栗粉、日本酒

1人前　210kcal

カリフラワーは肉だけでなくしょう油にもよくあいます。カレーのように、ごはんにかけて食べてもおいしいものです。

作り方

1　トリは一口大に食べやすく切ります。カリフラワーも茎から切りはなして、親指大にし、さっとゆでておきます。ネギはミジン切りです。

2　トリを油通しします。トリをボールにとり、玉子の白味を加えて、手でよくまぶし、片栗粉茶サジ2杯、塩を一つまみ入れて、よく合わせます。

ナベをカラのまま火にかけて熱くしてから、揚げ油を入れ、ぬるいうちにトリを全部入れ、手早く箸でほぐします。トリの色が変わって、白くなったら引き上げ、油をほかにあけます（油通しの上手なやり方は39頁）。

3　ナベをきれいにして、油を大サジ3杯とり、強火でネギを炒め、お湯をカップ4杯入れて、沸いてきたら、カリフラワーを入れます。しょう油大サジ6杯、日本酒大サジ2杯、砂糖茶サジ軽く1杯で味をととのえ、トリを入れます。

少し煮たら、片栗粉大サジ3杯を同量の水でといて入れ、トロミをつけます。ダマにならないように気をつけて下さい。

ツアサイとじゃがいもの炒めもの

ツアサイは、中国の辛いカブの漬けものです。その辛味とうまみが加わった、ごはんに合うおかずです。

材料（4、5人前）	
豚もも肉の薄切り	150g
ツアサイ	150g
じゃがいも	200g
ねぎ	½本
ゴマ油	

1人前　225kcal

作り方

1　豚肉はセンイにそって、長さ3、4センチ、幅3、4ミリの細切りにします。センイにそって切らないと、炒めたとき、ちぎれてしまいます。

2　ツアサイはよく洗ってから、肉よりやや細めのセン切りにし、しばらくお湯につけて、少々抜きすぎたかなというくらいまで、塩気と辛みを抜きます。

3　じゃがいもは、ツアサイと同じくらいのセン切りにして水からゆで、煮立ったら、ザルに上げて水気を切ります。まだシャキッとしているくらいがいいのです。

4　ネギは長さ3、4センチのセン切りにします。

5　ナベに油を大サジ2杯とり、強火で充分熱くして、ネギと肉を入れます。つづいてしょう油大サジ2杯、砂糖茶サジ½杯を入れて、炒めます。

6　肉に火が通ったら、じゃがいもとツアサイの水気を切って入れ、味をしませるように炒めます。味をみて、しょう油を少したし、汁気がなくなるまでよく炒めたら、出来上がりにゴマ油を茶サジ1杯ほどふります。

かき揚げ三種

野菜

アジとじゃがいもと三つ葉
えびと玉ねぎ
椎茸と貝柱とねぎ

どれも、傑作といいたい組み合せですが、じゃがいもの代りにたけのこもわるくありません。

これに限らず、お刺身の残りや手持ちの野菜、ちくわなど、好きにとり合せて、お宅のかき揚げを作ってください。

このかき揚げは、大根おろしでいただきます。おろしは、あまり水気をきらないで、しょう油を好みに入れます。これだけの量のかき揚げに、おろしカップ3杯くらいは用意して下さい。天つゆでも、もちろんけっこうです。

材料（いずれも5、6人前）

A　アジとじゃがいもと三つ葉

アジ	中3尾
じゃがいも	2コ（200g）
三つ葉	一にぎり

1人前　375kcal

B　えびと玉ねぎ

むきエビ	200g
玉ねぎ	中1コ（150g）

1人前　255kcal

C　椎茸と貝柱とねぎ

生椎茸	5コ
ホタテ貝柱	100g
細ねぎ	6本

1人前　140kcal

コロモ	
玉子	1コ
小麦粉	カップ1杯
水	カップ3/4杯
揚げ油	
大根	20cm

■**揚げ方はこんなふうに**

油の温度は180度くらい。裏返したらすぐに、真ん中へんを箸で押してやります。こうすると、表側がほどよくはじけて、火の通りがよくなり、形よくカラリと揚がります。

作り方

●**アジとじゃがいも**

1　アジは三枚におろして、中央の小骨をていねいに毛抜きで抜き、細く切って、薄塩をふります。

　じゃがいもは細いセンに切って、水に放し、水気を切っておきます。三つ葉は4㌢くらいに切ります。

2　玉子をといて、水カップ3/4杯を合わせ、小麦粉カップ1杯と用意のタネを合わせます。ふつうのコロモより少し濃いめです。まとまらないようだったら粉をたします。

3　油が熱くなってきたら、ご飯しゃもじの上にタネをなるべく平らにならべて、これを油の上に箸でゆっくり押し出すよう落とします。箸ではさめるようになったら返して、色よく揚げます。

●**えびと玉ねぎ**

　むきエビは、二つにそぎ切りにします。玉ねぎは、タテ半分に切り、1㌢幅ぐらいのザク切りにして、ヨコ2㌢位に切ってほぐします。

●**椎茸と貝柱とねぎ**

　椎茸は、軸をとって1㌢の厚さに切ります。ホタテは、ヨコ二つにへいでから四つに切ります。細ネギは、1、2㌢の長さに切ります。

ジャーマンサラダ

野菜

このサラダは主食がわりで、ドイツのお弁当のきまりものです。お休みの日の朝ごはんやお昼におすすめです。じゃがいもは、男しゃくいもでもいいのですが、身がしまってくずれにくいメイクイーンがむいています。皮は火を通してからむくとムダがないし、くずれることもありません。電子レンジを使うと簡単です。

材料（3人前）

じゃがいも	4コ（500g）
玉ねぎ	½コ（100g）
ベーコン	3枚（50g）
パセリ（きざんで）	大サジ2杯
ワイン酢	

1人前　245kcal

作り方

1　じゃがいもは洗ってタテに半分に切り、切り口を下にしてお皿に並べてラップをし、6、7分、電子レンジで加熱します。少し固いかなと思うくらいでけっこうです。

2　玉ねぎは薄切り、ベーコンは細切りにします。

じゃがいもをとりだし、皮をむいて2、3ミリの厚さに切ります。パセリはミジン切りです。

3　フライパンに油を大サジ1杯とってベーコンを入れ、脂が出てきたら玉ねぎを入れて炒めます。色がついてきたら、じゃがいもを入れて炒め、塩コショーで味をつけます。好みでワイン酢をふりかけ、きざみパセリをふりこんで火を止めます。

ポテトサラダ

じゃがいもとにんじんをゆでたら、熱いうちに塩とコショー、ワイン酢をふって、下味をつけるのがコツです。
ポテトサラダには、メイクイーンではなく、ホクホクしてくずれやすい男しゃくいもなどを使います。

材料（４人前）

じゃがいも	５コ（550ｇ）
にんじん	中½本
玉ねぎ	½コ
きゅうり	１本
ワイン酢、マヨネーズ	
フレンチマスタード	

１人前　260kcal

作り方

1　じゃがいもとにんじんの皮をむいて、じゃがいもは2センチ厚さの輪切り、にんじんはタテ六つ割りにしていっしょにゆで、両方がやわらかくなったらザルに上げます。

2　じゃがいもだけナベに戻して、弱火にかけ、水気をとばしながらざっとつぶします。

3　これをボールにうつし、にんじんを薄切りにしてまぜます。熱いうちに塩茶サジ1杯、コショー三、四ふりと、ワイン酢を大サジ1杯ほどふり入れて下味をつけ、冷まします。

4　玉ねぎをヨコ二つに切り、センイにそって細くきざみ、きゅうりはタテに二つにして、薄切りにします。
　二つを合わせ、塩茶サジ1杯をまぶして、乾いたフキンに包んでもみ、水を流しながら塩気をもみ出して、しぼります。

5　これを冷ましたじゃがいもに合わせ、マヨネーズ大サジ3杯にマスタード茶サジ1杯まぜたものであえます。

＊好みで、じゃがいもをつぶさず、3ミリ厚ぐらいのイチョウ切りにして、にんじんもはじめから薄く切って、一緒にゆでてもいいでしょう。

キャベツと豚肉と春雨のしょう油炒め

春雨に、キャベツや豚肉のうまみがしみた、いかにもおそうざいらしいおかずです。

材料（3、4人前）

キャベツ	½コ（500g）
豚肉薄切り（脂の多いところ）	250g
春雨	100g
しょう油	

1人前　275kcal

作り方

1　キャベツは芯のかたいところをとって、5ミリ幅ぐらいにザクザクきざみます。

2　豚肉は細く切ってから、庖丁でよくたたき、粗めのミジンにします。

春雨はぬるま湯に少しつけてもどし、まだ芯が残っているくらいでひき上げ、ザッと水をかけて、冷まします。これを3、4センチにきざみます。

3　ナベに油大サジ½杯をとって豚肉をよくほぐして炒め、肉の色が変ってきたら、しょう油大サジ1杯を加えてよく炒めます。

そこへキャベツを入れて、肉とまぜ合わせ、ときどき上から下へまぜ返して、しょう油大サジ2杯を全体にまわし入れ、ゆっくり炒めます。

キャベツに火が通って水気がでてきたら、春雨を入れて、しょう油大サジ2杯をふりかけます。

春雨をほぐしながら、手早くまぜて、しょう油が全体によくよくまわったら出来上りです。

酢キャベツとソーセージ

即席のザワークラウトです。キャベツを細く切って、酢味に煮こみ、ソーセージを入れます。キャベツの食べ方の一つとして、おぼえておくといい料理です。酢は米酢でも洋酢でも。

材料（４人前）

キャベツ　中１コ（1kgぐらい）	
ベーコン	50ｇ
ウインナソーセージ	12本
レモン	¼コ
固形スープ	１コ
バタ、酢	

１人前　275kcal

作り方

1　キャベツは四つ割りにして芯をとり、2、3ミリ幅の細切りにします。ベーコンも細く切ります。

2　厚手の深ナベに、バタを大サジ1杯とかして、まずベーコンを炒めます。このときベーコンを焦がしてしまうと、キャベツに色がついて、きれいに出来上がりません。

ベーコンから脂が出たら、キャベツを半分ほど入れ、ざっくりかきまぜ、フタをしてカサを減らします。

残りのキャベツを加え、ざっとまぜて、固形スープ1コをカップ½杯の湯でといて入れ、フタをして、中火で10分ほど煮ます。ときどき上下をかきまぜます。

3　キャベツがやわらかくなったら、塩茶サジ1杯半と、コショーをふり入れ、酢を大サジ4杯と、レモン¼コをしぼって入れます。好みで、もっとレモンを入れて、すっぱくしてもかまいません。

ここへ、両端をちょっと落としたソーセージを、埋めるように入れて、火を弱め、そのまま3、4分煮ます。ソーセージがあたたまったら出来上がりです。もちろん、フランクフルトソーセージでも。

キャベツと鮭缶のクリーム煮

鮭のうまみがキャベツにうつり、それにホワイトソースがかかってなかなかしゃれた味です。熱いうちにたべて下さい。

作り方

1　玉ねぎは二つに切ってから、1センチくらいの厚さに切ります。キャベツは芯を少しつけて放射状に切るか、2センチ幅ぐらいにザクザク切り、マッシュルームは三つか四つに切ります。鮭缶は形をくずさないようにあけます。

2　深ナベの真ん中に、鮭を汁ごとそっくり、形のまま入れて、まわりに野菜をならべます。この上に固形スープを2コくだいて入れ、お湯をカップ2杯半入れて、強火にかけます。

　煮立ってきたら中火にして、キャベツと玉ねぎがやわらかくなるまで、ゆっくり煮ます。

3　分量のバタで小麦粉を炒め、ホワイトソースを作ります（詳しい作り方は上の囲みをみて下さい）。

■ホワイトソースの作り方

小麦粉をバタで炒めて、これをスープや牛乳でのばします。

小麦粉大サジ2杯にバタ大サジ1杯、牛乳カップ1杯半というように、粉2に対して、バタ1の割合がふつうですが、急いだりすると、ダマができることがあります。

バタを増やすと、失敗が少なくなりますし、おいしくなりますが、その分、脂肪分が増えますから、気にしている人は注意します。

1　牛乳を人肌ぐらいに温めておきます。

ナベを火にかけてバタをとかし、小麦粉を入れて、焦げつかないように、中火よりやや弱めで、ヘラで絶えずかきまぜながら炒めていきます。

2　はじめはバタが小麦粉にすっかり包まれますが、そのうちにトロッとしてきます。

ここで火からおろして、牛乳を少し加えてはヘラでかきまぜ、また牛乳を加えてかきまぜるのを、くり返していきます。

ときどき火にかけて、ダマにならないようにていねいにまぜ合せます。

材料（3、4人前）

鮭缶	1コ（約200g）	ホワイトソース	
キャベツ	中½コ	小麦粉	大サジ1杯半
玉ねぎ	1コ	バタ	大サジ1杯
マッシュルーム	1パック	牛乳	カップ1杯半
固形スープ	2コ	粉チーズ	大サジ1杯

1人前　225kcal

粉に火が通ってバサバサとしてきたら、牛乳カップ1杯半をあたためて入れ、ダマにならないように、ヘラか泡立器で手早くかきまぜます。

とろりとしてきたら火を止め、塩茶サジ1/3杯と、粉チーズ大サジ1杯を入れて味をつけ、塩味は好みで加減します。

やわらかくなった野菜と鮭を、汁ごと器にもって、ホワイトソースを上からかけます。

＊あれば、煮込むとき、粒の黒コショーを10粒くらい入れると、味がしまります。

ほうれん草とえびのグラタン

野菜

生クリームであえたほうれん草とえびの上に、ホワイトソースをかけて焼きます。大皿で焼いて食卓で取り分けてもいいでしょう。

材料（4人前）

ほうれん草	2束（400ｇ）	ホワイトソース	
えび	小24尾（250ｇ）	小麦粉	大サジ3杯（30ｇ）
とけるスライスチーズ	4枚	牛乳	カップ2杯（360cc）
生クリーム	大サジ3杯	生クリーム	カップ¾杯
ブランデー	大サジ1杯	玉子の黄味	1コ
バタ	大サジ1杯	バタ	30ｇ
おろしチーズ	大サジ4杯	固形スープ	1コ

1人前　730kcal

作り方

1　ほうれん草は色よくゆでて、4、5センチに切ります。エビはカラをむき、背から庖丁を入れて二つ割りにして、背ワタをとります。

2　炒めナベにバタを大サジ1杯とってエビを炒めます。色が赤く変って火が通ったら、ブランデーを大サジ1杯ふりかけて、ナベを傾けて火を入れ、アルコール分を燃やします。

3　ここへ、ほうれん草を加えてまぜ合せ、生クリーム大サジ3杯を入れて全体にからめ、塩茶サジすり切り½杯とコショー四、五ふりで味をつけます。

4　ホワイトソースを作ります。玉子の黄味は生クリームと合せ、小麦粉はふるい、固形スープはきざんでおきます。

ソースパンにバタをとかし、小麦粉を加えて、焦がさないように火を弱めて炒めます。トロッとしてきたら火からおろして牛乳を少し入れ、しゃもじで手早くかきまぜます。

ムラなくまざったら火にもどし、また牛乳を少し入れてまぜ、これをくり返して、牛乳を全部入れ、固形スープを入れます。最後に黄味をまぜた生クリームを加えて、まぜながらひと煮立ちさせ、ほうれん草と、エビから出た汁をまぜておきます。

5　グラタン皿にバタをぬって、このソースを大サジ1杯半ずつ入れます。

3

4

5

まず、具の半分を皿にひろげ、スライスチーズをおき、残りの具をのせたら、その上にソースをかけます。

おろしチーズをちらし、とかしバタを茶サジ1杯ずつふりかけます。

オーブンを220度にあたためておき、おいしそうな焼き色がつくまで10分ほど焼きます。

アスパラガスとブロッコリーのキッシュ

タルト型にパイ皮を敷き、野菜やハムを入れ、チーズや玉子、生クリームを流し込んで焼くキッシュは、軽い食事代わりにもなるし、オードブルとしてもいいものです。
冷凍のパイシートを使うと簡単です。

材料（5、6人前）

グリーンアスパラガス	5本
ブロッコリー	小房2コ（60ｇ）
グリュイエールチーズ	80ｇ
玉子	2コ
生クリーム	カップ1杯
冷凍パイシート	
直径22cm深さ3cm位のタルト型	

1人前　250kcal

作り方

1　アスパラガスはゆでてから、二つ割りにして、四つに切ります。ブロッコリーはゆでて小さく切り、チーズは1㌢幅の薄切りにします。

2　パイ皮を麺棒で伸ばして、型よりひと回り大きめに切り、麺棒に巻きつけてバタをぬった型に敷きこみます。はみ出したところはナイフで切り取り、フォークで底に数ヵ所、孔をあけます。玉子を流し込むまで時間があったら冷蔵庫に入れておきます。

3　パイ皮にアスパラガスとブロッコリーとチーズを適当に散らします。
ボールに玉子をときほぐし、生クリームを加え、塩コショーしてよくまぜ合せ型に流し込みます。

4　180度に予熱したオーブンに入れ35分～40分焼きます。オーブンにもよりますが、竹串を刺してみてタネがつかなければ焼き上がりです。

トマトの和風サラダ

しょう油を使った、和風ドレッシングです。パセリや玉ねぎのミジン切りを加えます。

作り方

1　トマトはサッと熱湯につけて皮をむき、ヨコ半分に切ってタネをとり、1.5センチぐらいの角切りにします（湯むきのやり方は98頁）。

2　ボールにドレッシングの材料を入れ、よくよく合わせます。ここにトマトを入れ、全体にまぜて味をなじませます。

味をみてよければ、ラップをして冷蔵庫へ入れて、冷たくしていただきます。

材料（4、5人前）

トマト	中3、4コ
ドレッシング	
玉ねぎ（ミジン切り）	大サジ1杯
パセリ（ミジン切り）	大サジ1杯
米酢	大サジ2杯半
サラダ油	大サジ2杯半
しょう油	大サジ1杯

1人前　100kcal

きゅうりのサラダ

いつものうす切りとはちがう、さわやかな歯ざわりが楽しめる、きゅうりのサラダです。

作り方

1　きゅうりは、スジ状に緑をのこして皮をむきます。これをタテ二つ割りにして、スプーンの先でタネの部分をとりのぞき、端から7、8ミリの厚さに切ります。塩をふって10～15分おいて、味をなじませます。

2　ボールにドレッシングの材料を入れ、きゅうりを加えて、全体をよくまぜます。味は好みで加減してください。

材料（5、6人前）

きゅうり	4本
ドレッシング	
玉ねぎ（ミジン切り）	大サジ½杯
パセリ（ミジン切り）	大サジ1杯
ワイン酢	大サジ1杯半
オリーブ油	大サジ1杯半
塩、コショー	

1人前　45kcal

シーザーサラダ

材料（４人前）

レタス	１コ	ソース	
食パン	２枚	アンチョビ	６枚
パルメザンチーズ	大サジ２杯	ニンニク	１片
パセリ（ミジン切り）	茶サジ山１杯	マスタード	茶サジ４杯
揚げ油		マヨネーズ	大サジ６杯

１人前　365kcal

油で揚げたパンがカリカリと香ばしく、若い人に人気のあるサラダです。レタスをニンニク、アンチョビ入りのマヨネーズで和えます。レタスの水気をしっかりとるのがコツです。

作り方

1　食パンは耳を落して、1センチ角に切ります。これを天ぷらぐらいの温度の油でうす茶色に揚げ、クルトンを作ります。

2　レタスは洗って、たべよい大きさにちぎり、フキンにくるんで水気を切っておきます。

3　アンチョビを細かくきざみます。

大きな器にニンニクをすりおろして入れ、アンチョビとマスタードを入れて合せ、マヨネーズを加えてまぜ、ソースを作ります。

ここへレタスとパルメザンチーズを入れてまぜ合せ、上にクルトンとパセリをちらします。

きゅうりの中国ふう

白菜と春雨のサラダ

材料（3、4人前）

春雨	25g
白菜	小¼株（約250g）
焼豚	50g
干しエビ	大サジ2杯
ねぎ	10cm
香菜	3、4本
ドレッシング	
塩	茶サジ1杯
酢	大サジ1杯
ゴマ油	茶サジ2杯

1人前　90kcal

セロリとりんごのサラダ

材料（3人前）

リンゴ	中1コ
セロリ	1本
マヨネーズ	大サジ2杯
サラダ菜、クルミかピーナッツ	

1人前　180kcal

ニンニクがきいた、このかけじょう油の割合を覚えておくと、蒸しナスやアスパラガスのおひたしなどにも便利です。

作り方

1　きゅうりを細切りにして、ザルにでもひろげておきます。暑い日だったら冷蔵庫に入れて冷やします。揚げ玉を用意し、かけじょう油を合せておきます。

2　早くからかけてしまうと、きゅうりから水が出るので、いただく直前に、かけじょう油と揚げ玉をまぜ合せ、上から、少したっぷりめにかけます。

材料（3、4人前）

きゅうり	2本
揚げ玉	少々
かけじょう油	
ニンニクのミジン切り	適量
しょう油	茶サジ5杯
ゴマ油	茶サジ1杯半
酢	茶サジ1杯
日本酒	茶サジ1杯

1人前　60kcal

野菜

白菜と春雨に、干しエビや焼豚、香菜などをあしらった、ゴマ油風味のさっぱりとしたサラダです。焼豚はハムでも。

作り方

1　春雨はたっぷりのお湯で5分ほどゆで、そのまま30分ほどおいてやわらかくもどします。これを水で洗って、水切りをしてから、たべよい長さに切ります。

　干しエビはひたひたのお湯につけてやわらかくもどします。

2　白菜は大きい葉なら、タテ二つに切ってから、センイに直角に2ミリ幅ぐらいに細く切ります。これは、なるべく揃えて切って下さい。

　ネギは二つに割り、斜めに2ミリ厚ぐらい、香菜は2センチに切ります。

　焼豚は、センイにそって、長さ3、4センチ、幅3ミリぐらいの細切りにします。

3　ボールに春雨と白菜を入れ、分量に合わせたドレッシングを入れて、手でよくもむようにして味をなじませます。そこに、ネギ、焼豚、香菜、干しエビを入れて、全体をよくまぜます。

リンゴとセロリのシンプルなサラダです。リンゴが甘かったら、レモン汁をしぼってください。

作り方

1　リンゴは、タテに八つに割って皮をむき、芯をとって塩水につけ、端からうす切りにします。

2　セロリはスジをとって、センイに直角に小さく切ります。

3　セロリとリンゴをマヨネーズであえます。このマヨネーズは、あまり酸味の強くない、どちらかというと、甘口の方がよく合います。

　器にサラダ菜をしいて盛り、上から粗くきざんだクルミを散らします。クルミがないときは、ピーナッツでもけっこうです。

こかぶの一夜漬け

材料

小さめのカブ	1束
（カブ500ｇ、葉100ｇ）	
塩、酢	

全部で　80kcal

塩だけでなくちょっぴり酢を入れるのが、ポイントです。水気をよくしぼってサンドイッチの具にも使えます。キャベツときゅうり、大根などでもおいしく出来ます。

作り方

1　カブは葉を切り落とし、きれいに洗います。まわりのきたない部分をそぎとり、小さかったら二つ割り、大きかったら四つ割りにして、1.5ミリか2ミリぐらいの薄切りにします。

　葉は、小さかったら2、3カブ分、大きくて先が切り落としてあるようなときは、内側のやわらかいところだけを使います。根元は泥が入っているので切り落とし、3センチぐらいに切ります。

2　ステンレスのボールか小ナベに、切ったカブと葉を入れ、塩茶サジ2杯と酢茶サジ1杯を入れて手でよくまぜてから、中央によせるようにしてお皿をふせ、缶詰や水の入ったビンなどを重石に乗せます。

　夜漬ければ朝には漬かっています。汁ごとガラスの容器に入れて、冷蔵庫に入れておくと、一週間はおいしくたべられます。

野菜

大根とにんじんの豆板醤風味

材料（4、5人前）

大根	300ｇ
にんじん	中½本（約100ｇ）
ピーマン	大2コ
漬け汁	
しょう油	大サジ1杯
豆板醤	茶サジ1杯
ゴマ油	茶サジ1杯

1人前　35kcal

彩りのいい、中華ふうの即席の漬物です。豆板醤の量は好みに加減してください。ピーマンの代わりにきゅうりでもけっこうです。

作り方

1　大根とにんじんは皮をむいて、長さ4センチくらいに切ります。これを幅1センチ、厚さ5ミリくらいの拍子木に切ります。ピーマンはタネをとり、1センチ幅に切ります。

2　切った野菜に塩を茶サジ1杯ふって軽くもみ、お皿を裏返して重石にし、2、3時間おいて、しんなりさせます。

　ボールに漬け汁を合せ、野菜の水気をしぼって入れ、手でよくまぶしつけます。

　すぐ食べられますし、冷蔵庫なら一週間ぐらいはもちます。

簡単ピクルス

材料（4人前）	
ミニトマト	12コ
玉ねぎ	大½コ
きゅうり	2本
漬け汁	
白ワイン	カップ1杯
ワイン酢	カップ1杯
赤唐辛子	1本
粒コショー	5粒
月桂樹の葉	½枚
砂糖	大サジ1杯
水	カップ1杯

1人前　35kcal

肉料理のときなど、漬けもの代りにすっきりした味で人気があります。

作り方

1　ナベに漬け汁の材料を全部とって煮立て、冷まします。

2　トマトに塩茶サジ1杯をまぶします。玉ねぎは1枚ずつはがし、タテに1㌢幅くらいに切って塩茶サジ1杯をまぶします。きゅうりは塩茶サジ1杯かけて、マナ板の上でころがし、端を落として半分に切ります。

どれも10分くらいおいてから、さっと洗って水気を切ります。

3　漬け汁に野菜を入れて、ラップかフタをして冷蔵庫に一日入れておきます。二、三日漬けた方がおいしくなります。

きゅうりを乱切りにして盛りつけます。

水キムチ

大根や白菜をうすい塩水に漬けたやさしい味のキムチです。漬け汁もいっしょにいただきます。

作り方

1　大根は皮をむき、長さ3㌢、幅1㌢の拍子木に切り、塩茶サジ1杯ふって小1時間おきます。白菜は塩を茶サジ半杯ふって、しんなりさせ、大根とおなじように切り、ネギも3㌢に切ります。赤ピーマンはタネをとり、白菜の半分位に四角く切ります。

2　水カップ4杯を沸かし、塩を茶サジ山2杯まぜてから、冷まします。

3　ニンニクとしょうがを粗くきざんでガーゼの袋に入れます。赤唐辛子はタネをとり、八つ切りにします。

ビンに野菜と唐辛子を入れて、ガーゼの袋をさげ、冷ました塩水を注ぎ入れ、ピッタリとフタをします。18度位で三、四日が食べごろです。あと冷蔵庫に入れて、一週間位で食べきります。

材料	
大根	½本（500ｇ）
白菜の白いところ	1枚
ねぎ	細めの1本
赤ピーマン	1コ
ニンニク	1片
しょうが	親指大
赤唐辛子	1本

全部で　150kcal

白菜の甘酢漬け

野菜

中国の漬物の一つで辣白菜《ラッパアサイ》といいます。唐辛子のきいた甘い酢油の漬け汁を作り、熱いうちにかけて漬けこみます。甘ずっぱく、唐辛子がピリッときいた味で、中国料理の前菜の盛り合わせなどにも入っています。寒いときなら、一週間はじゅうぶんもちますから、多めに作ってたのしめます。

作り方

1　白菜は葉先を落として、白いところを、タテ二つに割り、一枚ずつばらしてから揃え、タテに1センチ幅に細く切ります。

2　これを、向きをそろえて二つに分けて、まず半分をボールに入れ、塩を大サジ1杯ふります。その上に残りを重ねて、また塩を大サジ1杯ふり入れます。お皿をふせて重石にし、半日ほどおいてから、水気をしぼっておきます。

3　漬け汁を作ります。ネギとしょうがは細いセン切りに、唐辛子もタネをだして細く切っておきます。

小ナベにゴマ油を大サジ1杯とって火にかけ、唐辛子を入れ、ひと息おいてナベを火からおろし、酢を大サジ3杯加えたら、再びナベを火にもどし、わいてきたら砂糖大サジ3杯と、塩茶サジ2杯加えます。汁がすきとおってきたら、ネギとしょうがを入れ、すぐ火を止めます。

この漬け汁を、熱いうちに白菜にかけ、お皿か木のフタでギュッと押して、全体に漬け汁をまわし、そのまま一日おきます。

いただくとき、白菜を三つか四つに切り、上にネギや唐辛子を飾ります。

材料

白菜の白いところ	1株（約1キロ）
漬け汁	
ねぎ	½本
しょうが	親指大1コ
ゴマ油	大サジ1杯
酢	大サジ3杯
赤唐辛子	4、5本
砂糖	大サジ3杯
塩	茶サジ2杯

全部で　420kcal

きゅうりの甘酢漬け

材料

きゅうり	8本
漬け汁	

全部で　400kcal

作り方

1　白菜と同じ分量の漬け汁で、きゅうり8本が漬けられます。きゅうりは、タテに半割りにして塩をなすり、お皿をふせて重石にして、半日ほど下漬けをします。

2　このきゅうりの水気をきり、さらにタテに二つか三つに割ってボールに入れ、白菜と同じように漬け汁をかけ、一日おきます。

おから

野菜

ここではアサリを入れましたが、イカやタコ、あじ、さば、かれいなどの煮汁もよくあいます。魚の煮汁が残ったら、翌日、その汁でおからを炊くと、いろんな味でおいしくたべられます。

材料（5、6人前）

おから	300g
にんじん	小½本（50g）
ごぼう	中½本（50g）
生椎茸	3コ
わけぎか細ねぎ	1本
油揚げ	1枚
アサリ	殻つき1パック（300g） （むきみなら100g）

1人前　150kcal

作り方

1　にんじんは3㌢長さのセン切りにします。ごぼうは細いささがきにし、まとめて2、3回、庖丁を入れて水につけ、水をきっておきます。椎茸は半分に切ってうすくきざみます。油揚げはタテに四つに切ってきざみます。ネギは細かく切っておきます。

2　アサリを洗い、ナベかフライパンに入れて強火で空炒りをし、フタをして口を開かせます。冷めたら殻から身をはずして、汁も忘れずに一緒にボールにでもとっておきます（むきみのときはそのまま使います）。

3　ナベに油を大サジ2杯とって、ごぼう、にんじん、椎茸を入れて炒め、油揚げも入れて、水カップ2杯を入れます。砂糖大サジ山2杯、塩茶サジすりきり1杯、しょう油大サジ2杯とあれば即席ダシ少々を加えてひと煮立ちさせ、アサリを汁ごと入れます。

　そこへ、おからをほぐしながら入れ、火を細めて、汁と具が全体にまざるよう、ヘラで底から返しながら、炒るように煮てゆきます。全体に火が通り、好みのかたさになったらネギを入れ、かるく炒りつけて出来上がりです。

切干し大根と厚揚げの煮もの

厚揚げをたっぷり入れて、甘めに、煮しめふうに煮き上げます。
切干し大根は、色の白いものを選びます。

材料（5人前）
切干し大根　1袋（50ｇ）
厚揚げ　2枚
煮干しのダシ
しょう油

1人前　220kcal

作り方

1　切干し大根は、水につけてもどしておきます。急ぐときはぬるま湯につけると、早くもどります。長いものがあるので、まとめて水気をしぼり、6、7センチに庖丁を入れておきます。

厚揚げも適当に切ります。これはあとでつぶれるので、どんなふうにでも切ってください。油抜きはしません。

2　煮干しのダシをカップ3杯ほど用意します（煮干しダシのとり方は28頁。急ぐときは水と即席ダシでも）。

ナベに油を大サジ2杯とって、切り干し大根を入れ、じゅうぶんに炒めてから、厚揚げを入れます。

一通りまざったら、そこへ、砂糖を大サジ3杯入れます。砂糖がひとわたりしみこんだら、ダシを加え、しょう油大サジ5杯を入れて味をつけます。

火を弱めて、ダシが煮つまるまで、落しブタをしてゆっくり煮てゆきます。

肉入りきんぴらごぼう

野菜

トリ肉をこまかく切ってごぼうと炒めます。ごぼうをていねいに切るのがおいしく作るコツです。

材料（4、5人前）

ごぼう	2本（300g）
トリ肉	100g

1人前　140kcal

作り方

1　ごぼうは、マッチ棒ぐらいの大きさにていねいに切ります。二、三回水をとりかえてさらしたら、ザルに上げてよく水を切ります。

　トリ肉は出来るだけこまかく切って、庖丁の背で、つぶすようにたたいておきます。ひき肉でもけっこうです。

2　フライパンに油を大サジ1杯半入れます。油が多すぎると、出来上がりの味がしつこくなります。ごぼうとトリ肉をいっしょに入れて、よく炒めます。焦げつきそうだったら水を少したします。

　まず、砂糖大サジ1杯を入れ、それがとけてしみ込んでから、しょう油を大サジ2杯ほど入れます。

　しょう油の色が全体にしみたら出来上りです。かたいごぼうだったら、水を多めにして煮るようにしますが、ごぼうは、シャキッとした歯あたりが身上です。

きんぴらこんにゃく

こんにゃくをよくよくたたいてから炒り上げます。唐辛子がピリリと辛く、ごはんがすすみます。

材料（3、4人前）

黒こんにゃく	2枚
一味唐辛子	少々
かつおダシ	

1人前　55kcal

1

2

作り方

1　こんにゃくをすりこぎでたたきます。全体に軽くたたいてから、だんだん強くたたきます。次第に弾力がなくなって、薄くのびます。かなり時間がかかりますが、根気よくたたきます。

5、6ミリ厚さの短冊に切ります。たっぷりの湯でゆがき、ザルに上げ、水気を充分に切ります。

2　ナベに油を大サジ1杯とって、こんにゃくを炒めます。水気が出ますが、こんにゃくの中の水気をとるくらいの気持ちで充分に炒めます。

ここで一味唐辛子を好みにふり、砂糖大サジ1/2杯を入れてまぜ、かつおダシカップ1杯、しょう油大サジ1杯半加えて、強火のまま、ときどきかきまぜながら煮てゆきます。汁が煮つまったら、出来上りです。

砂糖を加えず、しょう油だけの味もわるくありません。

ひじきのスープ煮き

材料（4、5人前）

干しひじき	1袋（30g）
油揚げ	1枚
にんじん	40g
トリガラスープ	カップ2杯

1人前　70kcal

大豆と昆布とごぼうの煮しめ

材料（7、8人前）

蒸し大豆	1袋（260g）
ごぼう	中2本
大根	½本（約500g）
昆布	50g
しょう油	

1人前　130kcal

レバーの贅沢煮

材料（5、6人前）

とりレバー	500g
しょうが	100g
日本酒	カップ1杯
みりん	カップ¼杯
しょう油	カップ¼杯
砂糖	大サジ山1杯

1人前　160kcal

トリのスープでじっくりと煮きこむと、ひじきも立派な一品になります。生ひじきなら、戻す手間がはぶけます。

作り方

1　ひじきはたっぷりの水につけてもどし、長いのがあったら、3センチくらいに切りそろえてから、さっとゆでて、水にさらします。

2　油揚げはタテ半分にして細くきざみます。にんじんも細く切ります。

　トリガラスープをとるときは、トリガラ1羽分を、水カップ5杯に昆布を5センチほど入れて煮出し、カップ3杯くらいまで煮つめてこします（急ぐときは市販のトリガラスープと水でも）。

3　ナベに油を大サジ1杯とってひじきと油揚げ、にんじんを入れてよく炒め、トリガラスープカップ2杯、砂糖大さじ2杯、しょう油大サジ2杯半で、煮汁がほぼなくなるまでゆっくりと炊きます。

大豆は、市販の蒸し大豆を使うと便利です。多めに作って、残ったら火を入れると、いつまでもおいしくたべられます。

作り方

1　ごぼうは皮をこそげて、小さめのまわし切りにし、水にさらしておきます。大根も皮をむいて、一口大に切ります。昆布はハサミで小さな短冊に切って、ザルにとり、よく水で洗います。

2　厚手の大きめのナベに、ごぼう、大根、昆布をいっしょに入れて、水カップ8杯を入れて火にかけます。

　火をはじめは強くして、煮立ってきたら中火に落とします。大根やごぼうがやわらかくなってきたら大豆を入れ、砂糖大サジ4杯、塩茶サジ山1杯、しょう油大サジ5杯で味をつけます。

　煮汁が三分の一くらいに煮つまって大豆によく味がしみ、昆布がとけるくらいになったら火を止めます。1時間近くかかります。そのまましばらくおいて、味をしませます。

このままおかずにしても、枝豆などととり合わせて、つきだしにしてもいいものです。お弁当にも、こういうものをちょっと入れるとよろこばれます。

作り方

1　レバーは出来るだけ新鮮なものを選びます。親指の先くらいに切り、血のかたまっているところは開いて、血を押しだします。

2　切ったレバーを水から入れて4、5分ゆがき、2、3回水をかえて、しばらくさらします。

　しょうがをうすく切るか、針に切ります。

3　水を切ったレバーとしょうがをナベに入れ、分量の日本酒、砂糖、みりん、しょう油を入れて、中火でゆっくり煮いてゆきます。

4　レバーにしっかり味がついたら、煮汁をフライパンに移して煮つめ、とろみが出てきたら、レバーを入れて、炒めるような感じで、煮汁をすっかりレバーにからめます。

和・洋・中のトリガラスープのとり方

トリガラを使ってじっくり旨みを煮出したスープは、市販のスープの素をつかったものとは、一味も二味もちがいます。

ガラといっしょに煮るものの風味で、洋風にも、和風、中華風にもなります。一緒に入れるものや水の量は下の表を見てください。

どれも多めにできますから、冷凍しておくと重宝します。

●トリガラは、新鮮で、できれば首つるがついていて、肉の残っているものを選びます。

ガラについている内臓の残りをとって、水でよく洗い、血や脂を取り除きます。そのままでもいいのですが、首つるは5センチくらいに、胴は四つほどに切ると、ダシがでやすくなります。

●トリガラを煮ると、アクがたくさん出ます。お玉かアミ目の細かいアクとり杓子でアクをすくい、ボールに入れた水の中で洗います。ていねいにとると、澄んだスープになります。

■トリガラスープ　材料の割合

	チキンブイヨン	中国風ガラスープ	和風ガラスープ
トリガラ	３羽（750グラム）	３羽	２羽
水の量	カップ14杯	カップ15杯	カップ10杯
ほかに入れるもの	にんじん　１本（150グラム） 玉ねぎ　１コ（200グラム） セロリ　15センチ（70グラム） 月桂樹の葉　１枚	長ねぎの青いところ　10センチ しょうが　ひとかけら	昆布　10センチ角
煮る時間	２時間	１時間半	１時間
でき上がりの分量	カップ７杯	カップ８杯	カップ６杯

チキンブイヨン（洋風スープ）

1　にんじんは皮をむき、タテ半分に割って1センチくらいに、玉ねぎは4つに割って、ザクザク切り、セロリも粗切りにします。

2　深いナベにガラを入れ、水をカップ14杯入れて、強火にかけます。煮立ってきたら、踊らせないように中火にします。アクが出てきますから、ていねいにとります。だいたいとれたら、月桂樹の葉と野菜を入れて、静かに煮ていきます。

3　塩を一つまみ入れ、2時間くらい煮て、箸でガラをつまんで、くずれるくらいやわらかくなったら、火を止めます。大きなボールに金ザルをのせ、ブイヨンを少しずつすくって、ていねいに漉します。カップ7杯くらいとれます。

●洋風スープの材料

中国風トリガラスープ

1　深いナベにガラと、ねぎとしょうが、水を入れて火にかけます。

2　はじめは強火で、煮立ってきたら火を弱め、アクをとりながら、1時間半ほどゆっくり煮て、あとフキンで漉します。

●中国風スープ

和風トリガラスープ

1　深いナベにガラと、昆布、水を入れて、火にかけます。

2　はじめは強火で、煮たってきたら火を弱め、アクをすくいながら、1時間ほど煮つづけ、フキンで漉します。

3　これは、ひじきなどを煮るときのダシですが、鍋ものに使うときは、ほかにいろいろ入りますから、水の量をカップ15杯に増やして、薄めのダシにしてください。

肉のおかず

ステーキ

おしょう油をたらすだけでも充分おいしくいただけますが、肉を焼いたあとのフライパンに、赤ワインを入れてナベ肌をこそげ、ドミグラスソースと水をちょっと入れて、バタを落として煮つめると、本格的なソースになります。好みで粒マスタードを入れても。

肉

材料（４人前）

牛ロース肉	１枚180ｇ位４枚
つけ合せ	
じゃがいも	中４コ
にんじん	中２本
クレソン	１束
バタ	

ソースなしで１人前　650kcal

つけ合せ

　にんじんは輪切りにして、ひたひたの水にバタ茶サジ１杯と砂糖一つまみを入れて、やわらかく煮ます。じゃがいもは皮ごと蒸します。

　じゃがいもに十文字の切れ目を入れて、下を押すと、割れめから中のいもが顔を出しますから、その上に小指大のバタをおきます。

作り方

1　はじめにつけ合せの用意と、肉のスジ切りをします。

　肉は焼いたときにそらないように、フチの脂のところを二、三ヵ所庖丁で切れ目を入れて、スジのところを切っておきます。

　塩コショーは焼く寸前にします。肉4枚分として、茶サジすり切り1杯弱の塩を両面にまんべんなくふります。

2　フライパンに油を大サジ1杯とって、充分熱くしてから肉を2枚ずつ焼きます。お皿に盛ったときに表になる方を先に焼きます。

　火は強火。早く焼き目をつけて表面を固めないと、おいしい肉汁が出てしまいます。入れたら箸でぐるぐる肉をまわすように動かしながら焼きます。

3　1、2分したら肉の手前をちょっと持ち上げて、フライパンを傾けて熱い油を肉の下に流し込みます。じっとしていると、フチだけ焦げて、真ん中に焼き色がつきません。

　全体においしそうな色に焼けたら、うら返して、やはり同じように動かしながら焼き、焼き色がついたら、火を少し弱めます。指で真ん中あたりを押すと、ちょっと押し返されるような弾力が、ミディアムの焼き加減です。肉の質や厚さにもよりますが、3、4分が目安です。

肉

牛肉の生じょう油焼き

強火でパッと焼いた牛肉は、格別なおいしさです。できればフライパンではなく、アミで焼きます。

材料（２人前）

牛肉	200ｇ
大根	300ｇ位

１人前　265kcal

作り方

１　牛肉は、すき焼き用でけっこうです。これをお皿に平たくならべ、しょう油をほんのすこし、上からたらします。しみ込む程度です。多すぎると、からくてまずくなります。

２　フライパンのときは、油を少し入れてよくよく熱し、一気に焼き上げるようにします。

アミで焼くときは、アミをよく焼いて熱くして、油をぬります。

肉をのせて、焼けたそばから大根おろしをつけてたべます。好みで、おろしにレモンをしぼりこんでもいいでしょう。

●肉の手前を持ち上げて、下に熱い油をまわす

味つきハンバーグ

肉

ピーマンやチーズなど、具がいろいろ入ったハンバーグです。ウースターソースやカレー粉で味がついていますから、お弁当にもむきます。

材料（4、5人前）	
牛ひき肉	400g
玉ねぎ	中1コ（250g）
ピーマン	2コ
プロセスチーズ	2切れ
パン粉	1カップ
トマトケチャップ、カレー粉	
バタ、ウースターソース	
つけ合せ	
さやいんげん、にんじん	
ブロッコリー、もやしなど	

1人前　420kcal

作り方

1　パン粉に、水か牛乳大サジ3杯をふりかけておきます。

玉ねぎ、ピーマン、チーズは、どれも5ミリ角ぐらいに、こまかくきざみます。フライパンにバタ大サジ1杯をとかして、玉ねぎを炒め、すき通ってきたら、ピーマンを加えて炒め、冷まします。

ボールにひき肉をとり、炒めた玉ねぎとピーマンとパン粉を入れて、よくまぜます。

2　そこへ、塩茶サジ軽く1杯、ケチャップ大サジ2杯、ウースターソース大サジ1杯、カレー粉茶サジ1杯を入れて、手でよくねり合せます。

ねばりが出たら、チーズをまぜ込み、全体を四つか五つにわけて木の葉の形にうすくのばし、真ん中をへこませます。オーブンペーパーや包装紙などを切って、その上に1コずつのせておくと、焼くときにラクです。

3　フライパンに油を大サジ2杯とって熱くし、のばした肉を、紙を上にして入れます。はじめは強火で、まわりに火が通ったら紙をはがして返し、中火にして両面に焼き色がついたら、もう一段火を弱めて、中まで火を通します。焼きはじめてから、大体7、8分で焼き上ります。

＊つけ合せの野菜は、色よくゆでて軽くバタで炒めます。

牛肉のポテトコロッケ

牛肉の他にマッシュルームも入っています。家で作るコロッケの、揚げたてのおいしさはこたえられません。

材料（4人前）

牛のひき肉	150g
じゃがいも	4コ(500g)
マッシュルーム	8コ(100g)
玉ねぎ	½コ(100g)
バタ、小麦粉、パン粉	
玉子	1コ
揚げ油	

1人前　510kcal

作り方

1　じゃがいもは皮をむき、四つほどに切ってゆでます。玉ねぎはミジンに、マッシュルームも細かくきざみます。

ナベにバタを大サジ1/2杯とって強火にかけ、玉ねぎを炒めます。やわらかくなったら、マッシュルームを入れ、塩を一つまみ入れて炒めます。

フライパンにバタを大サジ1杯とって牛肉を入れ、塩茶サジ1/4杯を加えて、さっと炒め、玉ねぎとマッシュルームと合わせます。

2　じゃがいもがゆだったら、水気を切り、火にかけて水分をとばして熱いうちにつぶします。

これを牛肉と玉ねぎを合わせたナベに入れ、塩茶サジ1/3杯、コショー三ふりして、弱火にかけ、しゃもじでまぜ合わせます。

3　じゃがいもを8等分して、小判形に丸めます。うすく小麦粉をつけて、といた玉子にくぐらせ、パン粉をつけて形をととのえます。

油を天ぷらを揚げるくらいの温度にあたため、裏表とも濃いキツネ色になるまで揚げます。

1

2

3

ビーフストロガノフ

ロシア風の肉料理。サッと炒めた細切りの肉と野菜を、パプリカをきかせて、トマト味で煮ます。バタ風味のごはんとまぜて食べるおいしさが、若い人に人気です。あればいただくときにサワークリームかエバミルクをかけると、さらに味にコクがでます。

材料（4、5人前）

牛肉（脂の少ないところ）	300g
玉ねぎ	中1コ（250g）
マッシュルーム	6コ
トマトの水煮缶	400g入り1缶
ニンニク	2片
固形スープ	1コ
パプリカ、ブランデー、バタ、小麦粉	

ソースのみ1人前　300kcal

作り方

1　牛肉はかたまりなら薄く切って、5ミリ幅くらいの細切りにします。玉ねぎはタテ二つに切ってうす切りにし、マッシュルームもうす切り、ニンニクはミジンに切ります。

2　フライパンにバタを大サジ2杯とってニンニクを炒め、色が変ったら、玉ねぎ、マッシュルーム、肉の順に入れて、強火で炒めます。

肉に火が通ったら、塩茶サジ1/2杯とコショーで下味をつけてから、小麦粉大サジ1杯とパプリカ茶サジ1杯半をふりこんで全体にからませます。

3　そこへトマトの水煮缶を、丸ごとのトマトだったらザクザク切って汁ごと加え、塩茶サジ1/2杯と固形スープ1コを入れて、しばらく煮ます。

トロミがでてきたら味をみて、酸味がきついようなら砂糖をほんの少し入れ、さいごにブランデーを大サジ1杯入れて火を止めます。

バタで炒めたごはんと盛り合せますが、ふつうの白いごはんでも（バタライスの炊き方は15頁）。

ハッシュドビーフ

すき焼き用のうす切りの牛肉と、マッシュルーム、玉ねぎを合せ、トマトジュースとワインで煮たドミグラスソースをからめます。ごはんと一緒にいただきますが、パスタなどでもけっこうです。手早くできる一品です。

材料（4人前）

牛ロースうす切り	300g
玉ねぎ	小2コ（300g）
マッシュルーム	大12コ（200g）
ドミグラスソース	1缶（300g）
トマトジュース	カップ1杯
トマトケチャップ	カップ½杯
赤ワイン（白でも）	カップ½杯
ブランデー、バタ	

ソースのみ1人前　515kcal

作り方

1　まずソースを作ります。
　ナベにドミグラスソースをあけ、赤ワインカップ1/2杯とトマトジュースを入れてゆるめ、火にかけます。出てくるアクをすくい、トマトケチャップをカップ1/2杯入れて、全体がカップ2杯分くらいになるまで煮つめます。弱火でだいたい10分くらいです。

2　玉ねぎはタテ二つに切って、センイに直角に2、3ミリ厚さの半月に、マッシュルームは2ミリ位のうす切りにします。厚手の大きめのナベにバタを大サジ2杯とかして、全体がうすく色づくまで、焦がさないように炒め、マッシュルームも入れて、炒めます。

3　牛肉は大きかったら、二つか三つに切って、1枚ずつ広げ、軽く塩コショーをふります。フライパンに、バタを大サジ2杯とかして、牛肉を広げたまま入れ、肉の色が白く変わったところで、うら返し、サッと焼きます。
　ぜんぶ焼けたら強火にして、ブランデーを大サジ2杯ふりかけ、火を入れます。

4　これを、玉ねぎとマッシュルームのナベに入れ、ソースも入れて、肉と野菜にからめます。
　グツグツときたら出来上がりです。煮すぎるとおいしく仕上がりません。

ポークソテー

肉

豚肉を焼いて、椎茸がたっぷり入ったトマト味のソースで煮ます。仕上げに使うウイスキーが味を引き立てています。

作り方

1　豚肉はビンか肉たたきで軽くたたいてのばし、脂のところに二、三ヵ所切れ目を入れ、かるく塩コショーをしておきます。

玉ねぎは薄切り、椎茸も薄く切ります。

フライパンに油を大サジ2杯とって熱くし、まず玉ねぎを炒めます。すき通ってきたら椎茸を入れていっしょに炒め、よく炒まったら、なにかにとっておきます。

2　肉の両面に、小麦粉をかるくまぶし、フライパンに油を大サジ1杯とって強火で焼きます。

3　両面に焼き色がついたら、炒めておいた野菜を肉の上にのせ、水をカップ1/2杯としょう油大サジ2杯、トマトピューレ大サジ2杯、砂糖大サジかるく1杯を入れて、強火で煮ます。

グツグツと煮立ってきたら中火にして、2、3分したらウイスキーを大サジ1杯ふりこんで火を止めます。

肉に庖丁を入れて皿にとり、その上に野菜とソースを形よくかけます。

材料（4人前）	
豚の肩ロース	100g位4枚
生椎茸	8コ
玉ねぎ	1コ（250g）
トマトピューレ、ウイスキー	
小麦粉	
	1人前　455kcal

●肉を焼く

●仕上げにウイスキーをふる

豚のくわ焼き

むかし、鴨の肉をクワの刃の上で焼いたので、クワ焼きというのだとか。そのクワ焼きを豚でやってみました。肉に片栗粉をまぶして一度焼いてからアブラ抜きをし、甘辛のタレをからめます。

作り方

1　豚肉は、5、6ミリの厚さに切ります。二口か三口でたべられるくらいの大きさにして、少したたきます。

片栗粉をひろげ、肉一枚一枚に押しつけるようにして、よくつけます。

2　あられしょうがは、しょうがの皮をむいて、3ミリ角に切ります。これを茶こしに入れて、熱湯の中に五つ数えるまでつけてすぐ引き上げます。これで、しょうがのきつすぎるカラさが消えます。これを分量であわせた甘酢に20〜30分ほどつけると、甘ずっぱい、あられしょうがが出来ます。

3　フライパンに、油を大サジ2杯とって肉を焼きます。ところどころキツネ色に焼けてきたら、ザルにとり、熱湯をかけて、アブラをすっかり抜きます。

4　フライパンの油をふきとり、この中に日本酒大サジ2杯、しょう油大サジ2杯、砂糖茶サジ2杯をとり、煮立てます。ワーッと沸き上ってきたら中火にします。ドロッとしてきたら、アブラ抜きした豚を入れて、じゅうぶんにからませます。

皿に肉をもりつけ、上からしょうががはをちらします。このあられしょうがは魚料理のあしらいにもいいものです。

材料（2、3人前）

豚ヒレ肉	200ｇ
しょうが	1コ
片栗粉、日本酒	
あられしょうがの甘酢	
酢	大サジ2杯
水	大サジ1杯
砂糖	大サジ軽く1杯

1人前　160kcal

●熱湯をかけてアブラを抜く

●タレをからめる

しゅうまい

皮は、市販のものでいいのです。自分でつくると、冷凍のものなどくらべものにならないくらいおいしいものが出来ます。一度作ってみて下さい。あまったら、揚げしゅうまいもいいものです。

材料（10人前）

しゅうまいの皮	60枚
豚の肩肉（かたまりか焼肉用）	800ｇ
むきエビ（塩気のないもの）	80ｇ
ねぎ	中１本
ニンニク	小１片
調味料兼つなぎ	
トリガラのスープまたは日本酒	大サジ３杯
しょう油	茶サジ１杯
砂糖	大サジすり切り２杯
塩	茶サジすり切り２杯
片栗粉	大サジ山２杯
コショー	

１人前（６コ）　255kcal

作り方

1　まず調味料兼つなぎを作ります。ボールに分量のトリガラのスープか日本酒を入れ、しょう油、砂糖、塩、片栗粉を加え、コショーを多めにふりこんで、よくよくまぜ合せます。

2　豚肉は5、6ミリ角にきざみます。エビは、冷凍だったら解凍して細かくきざみます。ネギは小口から2、3ミリにきざみ、ニンニクはミジンに切ります。

大きなボールに、まず調味料とネギ

1

3

2

4

5

とニンニクをまぜ合せ、そこへ肉とエビを入れて、ねばりが出るまで手でよくねり合せます。

3　具を包みます。皮を手のひらに広げ、真ん中に具を茶サジ山1杯ほどのせます。食卓用のナイフをヘラがわりに使うと便利です。

4　それを、親指と人さし指で輪を作った中に落しこむようにして口をつぼめ、ナイフで上から皮のはしを押さえつけて、フタのようにします。底もちょっと押して、平らにし、すわりをよくします。

5　これを湯気の立ったふかし釜に並べて、10分ほど蒸します。水滴が落ちないよう、フタの下にはフキンをかけます。

ぎょうざ

具に味がついていますから、はじめはそのまま食べてみて、しょう油や酢、ラー油は好みでつけて下さい。ときには具を変えてみるのも、ちがった味が楽しめます。

作り方

1　具を作ります。
　白菜は細かくきざみ、塩を少々ふって、フキンに包んでよくもんで水気をしぼります。ニラは5ミリくらいにきざみ、ネギとしょうがはミジン切りにします。

2　ボールにひき肉をとり、ネギとしょうがを入れてまぜたら、分量の調味料で味をつけ、よくまぜて、肉に味がしみるように、ちょっとおきます。ここにニラとしぼった白菜を入れてまぜます。

3　具を包みます。
　まず、皮の真ん中に茶サジ山1杯ほど具をおき、フチに水をつけて二つに折り、写真のように真ん中を指で押してくっつけます。それから両側をヒダをたたむように合わせるとうまくいきます。

4　具を包み終ったらすぐ焼きます。フライパンを火にかけ、熱くなったら油を大サジ1杯ほどひき、火を中火にして、ぎょうざを並べます。並べ終わったら、水をカップ$\frac{1}{4}$杯入れて、すぐフタをします。
　フタをしたら火を弱め、水がなくなるまで、ゆっくりと蒸し焼きにします。水がなくなるとチリチリと音がしてき

材料（5人前）	
ぎょうざの皮	40枚
豚のひき肉	200g
白菜	小½株（約300g）
ニラ	1束
ねぎ	½本
しょうが	親指大
味つけ調味料	
しょう油	大サジ1杯半
塩	茶サジ½杯
日本酒	大サジ1杯
ゴマ油	大サジ1杯

1人前（8コ）　415kcal

ますから、油を茶サジ1杯まわし入れ、火をちょっと強めて、おいしそうな焼き色をつけます。

焼き上ったら、ぎょうざがみんなフライパンにくっついていないか確かめて、上にお皿をかぶせ、一気にひっくり返します。

■野菜と干しエビの具

1　椎茸は二つにへいでうす切り、筍は長さ1.5センチのセン切り、細ネギ、ネギ、しょうがはミジン切りです。

2　干しエビは水につけて戻して、ミジンにきざみます。

3　ナベに油をとり、ネギとしょうがをサッと炒め、干しエビと野菜を入れて軽く炒め、日本酒大サジ½杯、ゴマ油茶サジ1杯、塩茶サジ1杯で味をつけ、玉子をときほぐして加え、からめます。これをよく冷ましてから包みます。

材料（約40コ分）	
生椎茸	6枚
ゆで筍	小1本（200g）
細ねぎ	6、7本
ねぎ	½本
干しエビ	30g
玉子	大1コ
しょうが	親指大
日本酒、ゴマ油	

1人前（8コ）　353kcal

スペアリブのしょう油煮

肉

大皿に盛ると豪快なご馳走に見えますが、作り方はいたってカンタン、しかも安上りです。

スペアリブはなるべく短くて、肉がたくさんついているものを選んでください。

これは、唐辛子がいいアクセントになっていますが、最後に入れるので辛味はあまりつきません。

辛いのが好きな方は、肉を煮込むときに唐辛子を入れると、ピリッとした味になります。

作り方

1　ピーマンはタテ二つに割ってタネをとり、タテに1センチ幅くらいに切ります。ネギは5センチくらいに切って、四つ割りにします。

2　ナベにお湯をわかして、スペアリブをゆでます。このとき、つぶしたしょうがを入れてもけっこうです。3、4分ゆでると、アクがういてきますから、火を止めて、ナベごと流しに運び、水をかけながら、手でアクや汚れをよく洗い流します。

3　ナベをきれいにして、水カップ5杯、日本酒大サジ2杯、しょう油大サ

1

2

3

4

ジ5杯、砂糖大サジ2杯を入れ、ゆでた肉を入れて、煮てゆきます。風味と香りづけに、ネギの青いところと、しょうがを粗く切って入れます。

煮立つまでは強火で、煮立ってきたら中火にしてフタをして、1時間半くらい、ときどき返しながら煮てゆきます。水が足りなくなったら足してください。

肉に箸をさしてみて、スッと通るようなら、でき上りです。煮汁がつまってトロミがついていますから、肉によくからめつけ、火を止めて肉をとりだしてお皿に盛ります。煮つまってくると、焦げやすいから気をつけます。

4　ナベに残った煮汁に、ピーマンとネギの細切りと、赤唐辛子のタネをとって適当に切ったものを入れ、手早く炒めます。

これを肉の上にのせて、肉といっしょにいただきます。

材料（4人前）

スペアリブ	約900ｇ
ピーマン	3コ
ねぎ	1本
しょうが	1かけら
赤唐辛子	1本
日本酒、しょう油	

1人前　600kcal

酢豚

香ばしく揚げた肉とたっぷりの野菜に、甘ずっぱいタレをからめた酢豚です。

タレは甘めになっていますから、合せるとき、砂糖は味をみながら好みで加減してください。

作り方

1　豚肉は2チセン角くらいにコロッと切ります。玉ねぎはタテ半分に切ってから、2チセン角に切ります。ピーマンはタテ半分にして種をとり、斜めに庖丁を入れて、1片を3コの三角形にします。

干椎茸はやわらかく戻し、軸をとって、1枚を三つか四つに切ります。ゆでたけのこは肉よりやや小さめに、コロッと切ります。

タレを分量通りに合せておきます。

2　肉を揚げます。

ボールに切った肉を入れ、しょう油大サジ1杯、日本酒大サジ1/2杯、といた玉子1/2コ分を加えて、手でよく

材料（4人前）

豚肩ロース	かたまりで　300g
玉ねぎ	1コ（250g）
ピーマン	3コ
干椎茸	中4枚
ゆでたけのこ	小1コ（150g）
玉子	$\frac{1}{2}$コ分
片栗粉	カップ$\frac{2}{3}$杯
日本酒、揚げ油	
タレ	
しょう油	大サジ3杯
酢	大サジ5杯
砂糖	大サジすり切り3杯
水	大サジ3杯
片栗粉	茶サジすり切り2杯

1人前　360kcal

肉にからめつけます。ここに片栗粉をカップ$\frac{2}{3}$杯入れ、やはり手でまぶしつけます。

揚げ油を火にかけ、天ぷらより少し低めの温度になったら、肉を二回にわけて入れます。1コずつコロモをつけ直しては、まるめるようにして、ナベのフチからころがして油に入れます。

箸でかき回しながら、中火で3分ほどかけて、中はやわらかく、まわりのコロモはカリッとなるように、香ばしく揚げ、油を切っておきます。

3　野菜を揚げます。

はじめに、玉ねぎとたけのこを一緒に、油にくぐらせる程度に揚げ、アミに上げて油を切ります。つぎに、椎茸を入れ、一息おいて、ピーマンを入れてすぐに引き上げます。

4　油をあけ、ナベをきれいにしてから強火にかけます。揚げた野菜と肉を入れて、サッとまぜ、タレをよくかきまぜて、全体にかけます。ナベをゆすりながら、大きくまぜ返して、トロミがからんだら、でき上がりです。

家族ぜんぶがそろわないときは、その人の分だけ材料をとっておいて、顔をみてから、タレをからめるようにすると、おいしくいただけます。

とりのしょう油焼き・野菜のせ

肉

トリのもも肉にしょう油をまぶして、こんがりとおいしそうに焼き上げ、きゅうり、ピーマン、長ねぎを細かくきざんでまぜたタレをかけます。
上にかける野菜は、このほかに、セロリや香菜、トマトなどでもけっこうです。

●中までじっくり火を通す

材料（3、4人前）

トリのもも肉	2枚（600ｇ）
ピーマン	大1コ
きゅうり	1本
ねぎ	½本
タレ	
豆板醬	茶サジ1杯
しょう油	大サジ1杯
日本酒	大サジ1杯
ゴマ油	大サジ1杯

1人前　415kcal

作り方

1　トリ肉は皮を下にしてひろげ、切り離さないように、タテ、ヨコに5ミリおき位に切れ目を入れます。こうすると、スジが切れて、全体に平らになり、火の通りもよくなります。

これをバットかボールにとって、しょう油大サジ1杯くらい、両面に手ですりこむようにまぶしつけ、20分ほどおいて、味をしませます。

2　この間にタレを作ります。

野菜をよく洗って、ピーマンときゅうり、ネギを、それぞれ5ミリ角くらいにきざみ、分量で合わせたタレを加えてまぜ合わせます。豆板醬は、好みに加減してください。

3　トリを1枚ずつ焼きます。ナベを強火にかけ、充分に熱くして、油を大サジ2杯入れ、油が熱くなったら、皮の方を下にして入れます。ジャーッと油がはねますから、注意します。

おいしそうな焦げめがついたら、ひっくり返し、火を中火にして、中まで火が通るようにフタをして、じっくり焼きます。トリからもアブラがでますから、余分な油はとります。

焼き上ったら、1センチ位の幅で食べよく切ってお皿に盛り、上からタレで合わせた野菜をかけます。

とりの黄金焼き

トリのもも肉にとき玉子をつけて焼き、お酒をきかせたタレで煮ます。簡単で、おいしくて、若い人にもお年寄りにもよろこばれます。

肉

材料（3、4人前）
トリのもも肉　2枚（600g）
玉子　2コ
ねぎ　1/2本
あさつき　少々
小麦粉、ゴマ油
つけ合せのトマト　1/2コ
タレ
　日本酒　大サジ2杯
　水　大サジ3杯
　塩　茶サジ1/3杯

1人前　445kcal

作り方

1　トリ肉は、皮を下にしてタテヨコに5ミリおきぐらいに切れ目を入れます。身が厚かったら、さきに観音開きにしておくと、火の通りがよくなります。

これをボールにとって、塩を一つまみほど全体にまぶし、日本酒を大サジ1/2杯ふりかけて手でもみ、小麦粉をまぶして、平たく形をととのえます。

ネギは3センチくらいの長さのセン切りにし、あさつきも、同じように切ります。あさつきがなかったら、ネギの青いところでも。

2　肉を1枚ずつ焼きます。ナベに油を大サジ2杯ほどとって熱くし、とき玉子を皮の方につけて、その面を下にしてナベに入れます。上から少し玉子をかけます。しばらく焼いてからひっくり返し、火を中火にして、あと5分ほど焼きます。もう1枚も、同じように玉子をつけ、上からもかけて、焼きます。

焼いている間に、分量のタレを合わせます。

3　トリが焼けてきたら2枚一緒にして、ナベを傾けて油を切り、上からネギとあさつきを散らし、合せておいたタレを全体にまわるようにかけます。

ぐつぐつと、ほんの2分ほど煮てから火を止めて、あればゴマ油を茶サジ1杯ふりかけます。

たべよい大きさに切って、ネギとあさつきを形よく上に盛り、トマトを飾ります。

いただくとき、好みでしょう油をたらします。

●火が強すぎると玉子が焦げる

若鶏の冷菜

肉

骨付きのモモ肉を塩のきいたスープで煮て、その汁につけておき、たべるときに骨をとって盛りつけます。

冷蔵庫に入れておくと二、三日はもちますから、お客様のときにも便利です。

トリの煮汁は、いい味がでていますから、少しのばして、味をつけなおすとスープなどに使えます。

材料（4、5人前）

若ドリの骨付きのモモ	小3本
ねぎ	½本
しょうが	1片
日本酒	
つけ合せのトマト	1コ
香菜かパセリ	

1人前　210kcal

作り方

1　トリのモモは、脚の先のほうは関節のところで切り落します。しょうがは庖丁の腹でおして軽くつぶし、ネギは5、6センチにブツブツ切ります。

大きめのナベに、トリの大きさにもよりますが、水をカップ10杯入れて火にかけます。煮立ってきたら、トリとネギ、しょうがを入れます。

ここへ塩大サジ山1杯、日本酒大サジ1杯を入れて味をつけます。これは吸いものよりかなりきつい塩味です。

アクをすくいながら、中火で15分くらい煮て、トリに箸が通るようになったら引き上げて水に放します。熱いままおいておくと、茶色くなってしまいます。煮汁はフキンでこして冷まします。

2　汁が冷めたら、ネギとしょうがもいっしょにトリを煮汁にもどします。4、5時間おくと味がよくしみます。

3　たべるとき、骨をとります。モモの内側を、骨にそって庖丁を入れて開くと、骨は簡単に手ではずせます。血や、かたいスジをとり、食べやすい大きさに切ります。

形よく盛りつけ、トマトと香菜をかざります。形のわるい脚のほうをさきに盛り、その上に形のそろったところをのせると、きれいに盛れます。

ささみとセロリの炒めもの

シャキシャキしたセロリの歯ざわりと香りが淡白なささみとよく合います。うす緑の色合いもきれいな一品です。

材料（2、3人前）

トリのささみ	200g
セロリ	2本（300g）
ニンニク	小1片
玉子の白味	1/2コ分
片栗粉、ゴマ油、揚げ油	

1人前　245kcal

作り方

1　ささみは、スジを抜いて、四つか五つに薄くそぎ切りにします。

セロリは、スジをとって斜めに薄く切り、熱湯をかけてザルに上げておきます。ニンニクは、薄くきざみます。

2　ささみをボールにとって、塩をひとつまみと、玉子の白味1/2コ分、片栗粉大サジ1杯を入れて、よくまぶし、しばらくおいて、油通しをします（油通しの上手なやり方は39頁）。

3　ナベに油を大サジ2杯とって、ニンニクを炒め、セロリを入れます。塩茶サジ軽く1/2杯と日本酒大サジ1杯を加えて、サッと炒めます。

ここへささみを入れて、手早くまぜ合せ、味をみて、塩を茶サジすり切り1/3杯ほど入れます。塩は多すぎても少なすぎてもまずくなりますから、味をみながら加減します。

火を止めて、ゴマ油を茶サジ1杯ふります。

●きつい塩水でゆでる

●ゆで汁を冷ましてそのまま漬けこむ

●骨をはずして食べよく切る

ビーフシチュウ

肉

パプリカとトマト、玉ねぎで、肉を煮こんだハンガリーふうのビーフシチュウです。炒めた玉ねぎが、汁にうまみを加えます。

肉はバラ肉を使います。バラ肉はゼラチン質が多いので、煮こむとだんだんやわらかくなって汁にトロミがつきます。

できあがってから、一度冷まして温めると味が落ち着いて、おいしくなります。

作り方

1　牛肉は4センチ角くらいにコロッと切り、塩茶サジ1杯とコショーを全体にふります。

玉ねぎはミジンにきざみます。

　フライパンに油を大サジ1杯とり、肉を入れて焼きます。各面に焦げめがついたらとり出します。

2　大きめの厚手のナベを用意し、油を大サジ1杯とって、ニンニクをつぶして入れ、玉ねぎを加えていっしょによく炒めます。玉ねぎがやわらかくなったら、肉を入れます。

3　ここに、トマトジュースをカップ1杯、固形スープ2コをつぶして入れ、パプリカを茶サジ1杯半と、缶詰のトマトをザクザク切って汁ごと加え、月桂樹の葉を1枚入れます。

　ワックスペーパーのフタ（作り方は98頁）を作り、ピッタリかぶせます。この上にナベのフタをし、弱火で2時間ほど煮ま

材料（4、5人前）	
牛のバラ肉	800ｇ
玉ねぎ	1コ半（300ｇ）
セロリ	2本
じゃがいも	2コ（300ｇ）
にんじん	1本（150ｇ）
マッシュルーム	8コ
トマトの水煮缶	1缶（400ｇ）
トマトジュース	カップ1杯
ニンニク	1片
固形スープ	2コ
パプリカ、月桂樹の葉、バタ	
ワックスペーパー	

1人前　435kcal

す。

4　煮ている間に具を切ります。

にんじんは皮をむき、3㌢位の長さに切って、太いところは六つに、細いところは四つくらいに割ってフチを面取りします。

マッシュルームは半分に切ります。

セロリは皮をむき、3㌢位の長さに切って、太いところは四つ、細いところは二つくらいに切ります。

じゃがいもは皮をむき、ほかの野菜と同じ位の大きさに切って、フチを面取りし、水につけます。

5　肉がやわらかくなったら、にんじん、セロリを入れ、マッシュルームをバタ茶サジ1杯で炒めて入れます。

ときどきかきまぜながら煮て、にんじんがやわらかくなったら、最後にじゃがいもを入れ、30分ほど煮ます。味をみて、塩を足します。

知っていると便利です

トマトの湯むき

トマトの薄い皮は、熱にあうと簡単にむけます。

ナベに水を沸騰させて、ヘタをくりぬいたトマトを熱湯につけます。湯が少なくてトマトがつからないときは、トマトをひっくり返したり、上から湯をかけます。十数えるくらいつけて、トマトの皮がほんの少しむけたら、すぐに氷水にとり、皮をむきます。

うまくむけないときは、もう一度サッと湯につけ、氷水にとります。

1コぐらいのときは、トマトをフォークに刺して、ガスの炎にかざす、という手も使えます。

煮切る

料理の作り方で「煮切る」ということばが出てきます。これはみりんや日本酒などのうまみは残して、アルコール分をとばしてしまうことです。

みりんやお酒を入れたナベを火にかけ、煮立ってきたら、ライターの火を近づけるか、ナベを傾けてガスの火を近づけると、ポッと火がつきます。燃え出してから、二十も勘定したら火を止めます。

これでアルコール分がとんで煮切れたわけです。火を近づけてもつかないときは、アルコール分がもうないのです。

お酒のにおいがきらいな人がいなければ、べつに煮切らなくてもけっこうです。長く煮るときは、自然にアルコール分がとびますから、煮切る必要はありません。

紙で作るフタ

洋風の煮込み料理で、ワックスペーパーの内ブタを使うことがあります。これは、肉などを長時間煮るようなときに、スープを蒸発させないために使います。

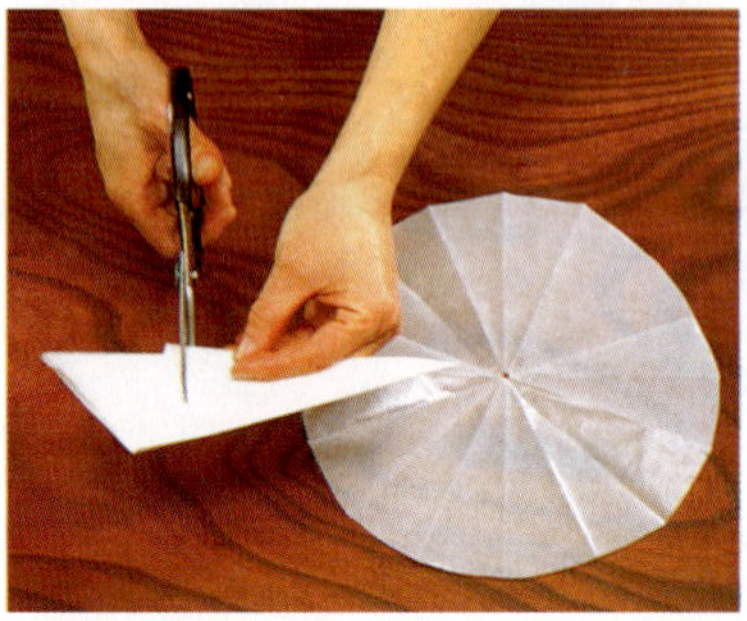

まず、ワックスペーパーを、紙の幅を一辺とする三角形に折り、正方形に切ります。

それを対角線を下にして、はじめの三角形に折り、次に、両はじの角を合せます。頂点を中心に、何回か折りたたんで、写真のようになったら、フチをナベの半径より少し大きめになるように切り、頂点をほんの少し切り落して、中央に孔をあけます。

これを、煮ているものの表面にぴったりとかぶせ、ナベのフタもして煮ます。

揚げものの温度

天ぷらにフライ、唐揚げなど、揚げものをカリッとおいしく揚げるには、油の温度が大切です。

揚げものの適温は170～180度ですが、油がその温度に達したかどうかをみるには、いくつかの方法があります。

簡単なのは天ぷらのときなら、コロモを箸につけて、少し落としてみる、フライならパン粉を一つまみパラパラッと落としてみることです。

コロモや粉が途中まで沈んで、すぐ浮き上がってくれれば、オーケーです。

また、菜箸をナベの底に立てて、箸のフチに小さい泡がプクプクと立ってくれれば、ほぼ、大丈夫です。

揚げものは、材料を入れてしばらくは、ワーッと泡がでますが、揚がってくると、だんだん泡の出方が少なくなります。泡が出なくなると、油の温度が上がってきます。

しかし、いちばん正確にわかるのは、温度計を使う方法です。温度計なら揚げている途中の温度管理もしっかりできます。慣れるまでは温度計を使うといいでしょう。

魚のおかず

イカと大根の煮もの

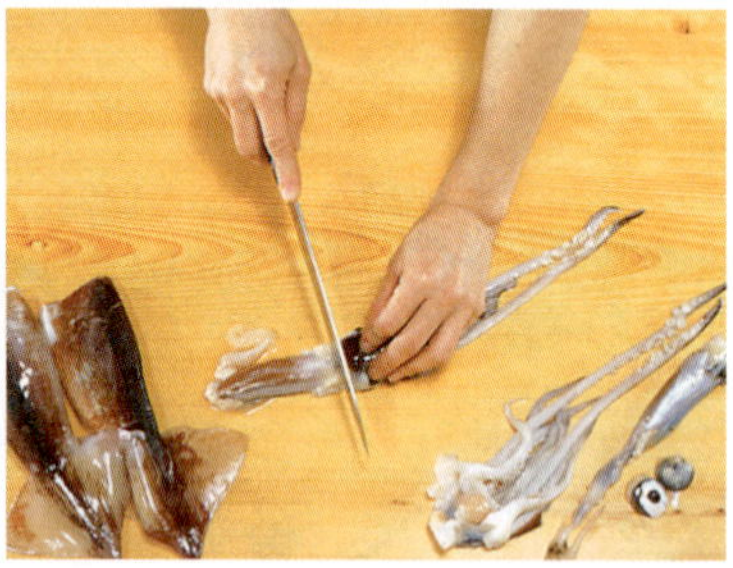

材料（5、6人前）

イカ	2はい
大根	½本（700ｇ）
かつおダシ	カップ6杯

1人前　90kcal

煮ているうちに、イカがだんだん赤くなり、大根にも色がしみていきます。どちらもやわらかく、おいしくいただけます。

作り方

1　イカはワタを抜いて、身は1センチ幅の輪切りにします。足はイボをこそげ取り、タテに三つくらいに切っておきます。

大根はよく洗って、皮をむかずに、そのまま2センチくらいの輪切りにします。太かったら半分に切ります。

2　大きめのナベに、かつおダシをカップ6杯ほどとり、大根とイカを入れ、砂糖大サジ2杯と、しょう油大サジ1杯、塩茶サジ1杯半を加えて味をつけ、落しブタをして、ゆっくり煮てゆきます。ダシがひたひたぐらいに煮つまってきたら出来上がりです。

イカのたらこあえ

イカを糸作りにして、たらこであえます。たらこが少なければ、それはそれで、イカの味がいきてきます。

作り方

1　イカはワタを抜いて水で洗い、ミミと足をとります。身の皮をむいて開き、するかしないかのうす塩をしておきます。少しおいてから、お刺身よりずっと細く、糸作りに切ります。

2　たらこはなるべく色のうすいものを使い、庖丁で切れ目を入れてしごき、中の子を出します。

3　イカを、このたらこであえます。あればレモンの汁を少したらします。

残ったイカのミミと足は、しょう油にまぶしておいて、さっと焼くと、おいしくいただけます。

材料（3、4人前）

イカ	1ぱい
たらこ	1腹
レモン	

1人前　45kcal

魚

イカと椎茸の納豆あえ

あたたかいごはんにのせると、こたえられません。

材料（2、3人前）

イカ	中ぐらいの1ぱい
生椎茸	4コ
納豆	1包み（50g）
玉子の黄味	1コ
細ねぎ	5、6本
ねり辛子、焼のり	

1人前　90kcal

作り方

1　イカはワタをぬき、よく洗ってから、開いてタテに二つに切り、5ミリぐらいの細切りにします。皮は、むいても、むかなくても好みです。足はかたいので身だけを使います。

これを、ザルにとって熱湯をかけるか、かたくしない程度にサッとゆでます。お刺身用のいきのいいイカなら、そのまま使います。

椎茸は、軸をとってアミで焼き、細切りにします。ネギは小口から、うすくきざんでおきます。

2　納豆をマナ板にとって、庖丁で粗くたたいてから、なるべくこまかくきざみます。

3　きざんだ納豆をボールにとって、玉子の黄味をおとし、ネギとねり辛子大サジ1/2杯を入れてよくまぜます。そこへ、しょう油大サジ2杯を入れて、よくよくまぜます。

4　ここへイカと椎茸を入れてあえ、上からもみのりをかけていただきます。

タコと黒オリーブのサラダ

オードブル兼用のボリュームのあるサラダです。アンチョビは塩辛でも代用できます。サラダ菜は、チコリやエンダイブ、レタスなど、パリッとしたものなら何でもけっこうです。

作り方

1　サラダ菜は洗って水を切り、適当な大きさにちぎります。紫玉ねぎとラディッシュはうすい輪切り、ピーマンも種をとって輪切りにします。タコはぶつ切り、チーズは1センチぐらいの角切りです。

2　レモンは、皮をおろすか、うすくそいでミジン切りにして、汁を絞ります。アンチョビは細かくきざみます。

　レモン汁と酢、オリーブ油を合わせ、あれば洋酢を少々たらして、アンチョビをまぜます。塩とコショーで味をととのえ、レモンの皮を合わせます。

3　飾り用を少し残して、野菜をサラダ菜とまぜて大鉢に盛り、タコとオリーブ、チーズ、飾りの野菜を彩りよく散らして、上から、ドレッシングをかけます。

材料（5、6人前）

ゆでダコ	200ｇ		
黒オリーブ	15、16コ		
モッツァレラチーズ	100ｇ	ドレッシング	
（なければカテージチーズ）		レモン	½コ
グリーンリーフサラダ菜	1株	アンチョビ	2、3枚
ラディッシュ	1束	オリーブ油	大サジ2杯
紫玉ねぎ	½コ	酢	大サジ1杯
赤、黄、緑のピーマン	各½コ	あれば洋酢	少々

1人前　160kcal

魚

イカのイタリーふう

作りおきのきくイタリーふうの前菜です。お刺身のときなどに、残ったミミや足も、こうしておくとおいしくいただけます。
もちろん身を使ってもいいし、タコのアタマのところも使えます。

材料（3人前）

イカのミミや足	3ばい分
ドレッシング	
ニンニク（ミジン切り）	茶サジ1杯
パセリ（ミジン切り）	大サジ2杯
ワイン酢	大サジ1杯
オリーブ油	大サジ1杯

1人前　140kcal

作り方

1　ミミや足を、沸騰した湯でサッとゆで、足は3センチぐらいのそぎ切り、ミミも同じくらいに切ります。

2　ドレッシングは、分量の材料をよくまぜ合わせて、塩、コショーで味をととのえます。

3　ここにイカを入れてよくまぜ、冷蔵庫で味をなじませます。ガラスびんにでも入れておくと、三、四日はもちますから、お酒の肴にも便利です。

いわしのしょう油焼き

魚

揚げてもいいのですが、樹脂加工のフライパンなら、あまり油を入れなくても、焦げつくこともなくこんがりとおいしく焼けます。

材料（４人前）

イワシ	大４尾
大根	10cm
小麦粉	

１人前　200kcal

●しょう油をふってしばらくおく

●手で開いて中骨もとる

作り方

1　イワシは頭をとり、腹ワタを抜いて一度洗い、水気をふき取ります。

お腹の方から親指の先を背の骨の上に押しこんで、尾の方に開いてゆきます。尾までいったら、そこで背骨を折り、起こすようにして身からはがしとります。尾はちぎれないように。

お腹の小骨の多いところは、庖丁を寝かせてそぎ取ります。

2　平らなバットなどに、開いたイワシを並べ、しょう油を茶サジ2杯ほどふりかけて両面にまぶし、皮を上にしてしばらくおきます。

その間に大根おろしを用意します。

3　つけておいたイワシの両面に茶こしで小麦粉をふりかけます。フライパンに油を大サジ1杯とって熱くし、身側を下にしてイワシを入れ、フライパンをゆすりながら、強火で焼きます。

こんがりと焼き色がついたら返して、皮側も焼きます。返すのが早いと身がくずれます。

お皿にとり、おろしをたっぷり添えて、しょう油かポン酢でいただきます。

いわしの酢油漬け

活きのいいイワシをワイン酢とオリーブ油で漬けます。密閉容器に入れて、冷蔵庫に入れておくと、1週間は保ちます。

いっしょに漬けた玉ねぎなどを添えてもいいし、ゆでたてのジャガイモなどにもよく合います。

材料（5、6人前）

イワシ（刺身用）	大6尾
玉ねぎ	小1コ
セロリ	½本
にんじん	½本
レモン	半コ
マリネのドレッシング	
白ワイン	カップ½杯
ワイン酢	カップ½杯
オリーブ油	カップ½杯
赤唐辛子	1本
黒粒コショー	
月桂樹の葉、あればディル	

1人前　160kcal

作り方

1　イワシは三枚におろし、背びれと腹骨をそぎとり、両面に強めに塩をふって、1時間ほどおいておきます。

2　にんじんとセロリは4、5センチのうすい短冊に、玉ねぎとレモンはうす切り、唐辛子は種をとって、小口切りにします。

3　白ワイン、ワイン酢、オリーブ油、唐辛子を合わせます。

4　バットや底の平らな密閉容器に野菜とレモンを半分敷いて、イワシを皮を上にして並べ、黒粒コショーと残りの野菜を散らして月桂樹の葉をおきます。

　イワシが二段になるときは、野菜を三分の一ずつにして、間にはさむようにします。

5　合わせておいたドレッシングをまわしかけ、ラップでおおって冷蔵庫に入れます。二日ほどで食べられます。

　冷蔵庫から出したとき、油が黄色く固まっていても、室温にしばらくおいておくと溶けます。

いわしの梅昆布煮

魚

仲代達矢さんのお宅の自慢料理。亡くなられた奥様の宮崎恭子さんが作って下さいました。イワシを梅干と昆布としょう油とお酒でキリッと煮上げ、昆布も梅干も全部いただきます。梅干は昔ながらの乾いたようなものの方が、最近の低塩のものより、いい酸味がでます。イワシは本当は、1キロで17、18尾くらいがいいのです。

材料（3、4人前）

イワシ	大6尾
梅干	一人1、2コ
身の厚いダシ昆布	10cm位
日本酒	カップ1杯
しょう油	カップ¼杯

1人前　265kcal

作り方

1　昆布を四角く切って、梅干もいっしょに、ヒタヒタの水に1時間ぐらい漬けておきます。

イワシは、ウロコを落とし、頭とワタを取ったら、塩水で洗い、ザルに上げて水気を切ります。

2　平ナベに分量の日本酒としょう油を入れ、昆布と梅干、つけていた水も一緒に、イワシがヒタヒタにつかるくらいまで入れて、強火で煮立てます。

3　煮立ったら、イワシを平らに並べ、すき間に梅干をおいて、落しブタをし、火を弱めて、15～20分くらいゆっくり煮含めます。

煮汁が少し残っているくらいで火を止めます。盛りつけは、火を止めてちょっとおいてからのほうが、身がくずれないでうまくいきます。

さんまのしょうが煮き

材料（4、5人前）

サンマ	5、6尾
しょうが	150g
しょう油	

1人前　280kcal

サンマは焼くものと決めていますが、しょうがを思いっきりたくさん入れて煮ると、しょうがの辛みもきいて、わるくありません。

作り方

1　しょうがは皮をむいて、マッチ棒ぐらいに切ります。サンマは頭をとり、ワタをぬいて、1尾を三つか四つぐらいにブツ切りにします。

2　ナベの底に、しょうがの三分の一の量をパラパラと入れて、その上にサンマをならべ、残りのしょうがの半分を散らし、またサンマをおいて、残りのしょうがを散らします。こういうふうに底にしょうがを入れると、焦げるのも防げます。

ここに水をカップ2杯半入れ、落しブタをして火にかけます。

3　煮立ってきたら、砂糖大サジ山2杯、しょう油大サジ5杯を入れて味をつけます。中火で12、13分も煮ていると、汁が半分以上つまってきますから、ナベをかたむけ、スプーンで汁をかけながら煮つめてゆきます。

汁がなくなりかけてきたら火を止めて、熱いうちにいただきます。

魚

さばのアラ煮きふう

サバを、ごぼうといっしょに鯛のアラ煮きふうにたきました。しょうがを入れるので、においも気になりません。

●煮汁をかけながら色をつける

材料（3、4人前）

生サバ	中1尾
ごぼう	中1本
しょうが	1コ
日本酒、みりん、しょう油	

1人前　500kcal

作り方

1　サバは二枚か三枚におろして、半身を二つに切り、背に斜めに一本、深めに庖丁を入れます。火も通り、味もしみやすくなります。

ゴボウは洗って、庖丁の背で皮をこそげ、3ミリぐらいの厚さに斜めに切ります。これをしばらく水につけてアクをぬいてから、ザルに上げて水を切っておきます。

しょうがは細く針に切ります。

2　ナベに油を大サジ2杯とって、まず、ゴボウを炒めます。

3　ゴボウがやわらかくなったら上にサバの切身を、皮を上にしてならべ、しょうがを全体にちらします。

ここへ日本酒カップ2/3杯、みりんカップ2/3杯、水カップ1/4杯、砂糖大サジ2杯、しょう油カップ1/2杯を入れ、落しブタをして、しばらくたきます。火は強火です。

4　煮つまってきたら、魚の上側の色がつかないところへ、煮汁をすくってはかけてやります。色がついてきたら出来上がりです。

たべるときタレがいるので、カラカラになるまで煮つめてしまわないようにします。大体20分あまりで煮上りますが、うっかりすると焦がしやすいので注意します。

さばの酒むし

サバのアブラのおいしさは、酢としょう油によくあいます。酢は、米酢でもけっこうですが、レモンやだいだいでも。

材料（２、３人前）

サバ	中１尾
日本酒	
大根、ねぎ、一味唐辛子	
つけじょう油	
酢	カップ⅓杯
しょう油	カップ⅓杯

１人前　405kcal

●ふり塩した魚に酒をふって蒸す

作り方

1　サバは頭をとって、三枚におろします。魚屋さんでおろしてもらうとラクです。

　片身を小さめなら二つ、大きめだったら三つに切ります。背の皮の方に、5ミリ幅ぐらいに切れ目を入れ、味をしみやすくしておきます。

2　この切身をマナ板の上にならべ、ふり塩をして、10分ほどおきます。この塩は多すぎるとまずくなりますが、そうかといって、ほんのパラパラでも困ります。魚の塩焼きぐらいがいいのです。

3　お皿にサバを皮を上にしてならべます。ふかし釜を煮立て、サバを入れます。お酒をカップ1/4杯用意して、上からふりかけ、だいたい10分ほど強火で蒸します。

4　つけじょう油の材料を合せ、そこへサバを蒸したときにお皿に出た汁を加えて、好みにのばします。

　薬味はネギをこまかくきざみ、サッと水洗いし、大根はおろして、一味唐辛子をふっておきます。

　器にサバを盛り、のばしたつけ汁をまわりにはって、薬味のネギとおろしをそえます。

ぶりてき

ぶりのステーキだから、ぶりてきというわけです。
甘辛いタレのなかで、テリをつけます。

材料（３人前）

ぶりの切身	３切れ
みりん、日本酒	
しょうが	親指大２コ
甘酢	
酢	大サジ２杯
水	大サジ１杯
砂糖	大サジ１杯

１人前　320kcal

作り方

1　フライパンに油をたっぷりとってぶりを入れ、とろ火でじわじわ焼いてゆきます。焼けてくると、ぶりの身からもアブラが出て、すごくはねますから、ナベのフタなどをして、ときどきフライパンを前後左右にゆり動かして、焦げつくのを防ぎます。

　きれいな濃いキツネ色になったところで、そっと裏返しますが、裏はそんなにていねいに焼かなくても大丈夫です。

　焼けたら火を止めて、そのまま、ぶりの上に熱湯をザーッと注いで、表面のアブラを抜きます。

　その湯をすぐ捨てて、ナベを火に戻します。火は中火です。

2　ここにみりん大サジ1杯半、日本酒大サジ1杯半、砂糖大サジ2杯、しょう油大サジ3杯を入れて、煮立てます。ねっとりしたタレのなかで、2、3回ひっくり返してテリをつけます。すぐ焦げつきますから注意して、4、5分もしたら火から下します。

　お皿に盛って、ナベに残ったタレを等分にかけ、甘酢につけたしょうがのうす切りか、はじかみをそえます。

　しょうがは、分量通りに合せた甘酢に30分ほどつけます。

●アブラ抜きをする

●テリをつける

鮭のムニエル・アンチョビ風味

魚

アンチョビはイワシの塩漬けです。それをすりつぶしたのがアンチョビソースで、調味料として使われます。

生鮭のムニエルにそのアンチョビソースをぬって、ニンニク入りの焦がしバタをかけます。

アンチョビソースが手に入らないときは、缶詰やびん詰の油漬けのアンチョビを庖丁でたたいてオイルでゆるめて使います。

材料（４人前）

生鮭の切り身	４枚
ニンニク	２片
アンチョビ	２切れ
レモン、バタ、小麦粉	
つけ合せにじゃがいもとパセリ	

１人前　365kcal

●焼きたてにアンチョビソースをぬる

作り方

1　鮭の両面にかるく塩コショーをして、小麦粉をうすくまぶします。

　フライパンに油を大サジ2杯とって、鮭の両面をキツネ色になるように焼き上げます。

　皿にとって、アンチョビソースを茶サジ半杯くらいずつぬるようにのばします。

2　焦がしバタを作ります。フライパンにバタ大サジ3杯とって、弱火にかけ、バタがとけてきたら、ニンニクを庖丁の腹でつぶして入れ、香りがバタにとけこむまで炒めます。

　ニンニクをとり出したら、火をやや強め、バタが色づいたら、鮭の上にかけます。レモンの輪切りをそえて、熱いところをいただきます。

　つけ合せのじゃがいもは、丸くむいてゆで、きざみパセリをまぶします。

あじの南蛮漬け

アジを揚げて、あたためたつけ汁に漬けます。つけ汁は、お酢のかわりにレモン汁を入れますから、サッパリしています。

材料（4人前）

アジ（中位のもの）	4尾
ねぎ	1本
しし唐	8本
片栗粉、揚げ油、みりん	
つけ汁	
昆布とかつおのダシ	カップ2杯
みりん	カップ½杯
しょう油	カップ½杯
レモン汁	大サジ2杯半

1人前　195kcal

●アジは三枚におろす

●レモン汁を合せる

●揚げたてをつける

作り方

1　アジを三枚におろします。

まず、頭を落し、お腹に庖丁を入れて、ワタを取り出し、一度洗って、ゼイゴをとります。

庖丁を上身と中骨の間にねかせて入れ、中骨にそって、尾の方へ動かして、上身をおろします。裏返して、同じように下身もおろし、腹骨をそぎとります。おろした身の中央に残っている小骨を、指で確かめながら毛抜きで抜きます。

2　つけ汁を作ります。

分量のレモンをしぼって漉します。ナベに、昆布とかつおぶしのダシをカップ2杯、みりんとしょう油をカップ½杯ずつとって、中火にかけ、六杯ダシを作ります。沸とうしたら、レモン汁を加えて、火を止めます。

ネギは長さ3㌢に切り、タテに庖丁を入れてひらいて、端から細く切り、氷水に入れてほぐし、二、三度、水をかえてヌメリをとります。

3　つけ汁をあたためておきます。

アジの両面に片栗粉をつけます。油を180度にあたため、アジを入れて、キツネ色になるくらいに揚げ、揚げたてをすぐ、つけ汁に入れます。

しし唐は、軸をとり、お腹にちょっと切れ目を入れて、揚げます。

器にアジを盛り、つけ汁をかけ、さらしネギとしし唐をのせます。

あじのたたき

新鮮なアジを、自分でおろして、細ねぎとしょうがをたっぷり入れてたたきにすると、出来合いのたたきなど、たべられません。

材料（5人前）

アジ	中4尾（600ｇ）
細ねぎ	3、4本（10ｇ）
しょうが、あれば大葉	5枚

1人前　80kcal

魚

作り方

1　アジは、南蛮漬けの1の要領で、三枚におろし、毛抜きで、中骨をとったあとに残っている小骨をすっかり抜きます。小骨は指でなでると、ひっかかってきますから、頭の方へひっぱるように抜くと、スッと抜けます。

2　小骨を抜き終ったら、皮をむきます。肩先の皮を少しめくり、そこをつまんで、尾の方に向かってむいていきます。お腹のあたりは身が柔らかいので、気をつけてそろそろとむきますが、そこをすぎたら、尾にむかって一気にひきます。

3　これを3、4ミリ厚さくらいに切ります。

しょうがをミジンに切って、茶サジ2杯用意します。細ねぎは細かく切ります。

しょうがと細ねぎをアジにまぜ合せて、庖丁の腹でなじませます。器に大葉を敷き、アジを四等分して中高に盛り、しょう油をかけていただきます。

イカとわかめの炒めもの

魚

イカとわかめを中国ふうに炒めます。イカはここではスルメイカを使いましたが、冷凍のロールイカでも使えます。

材料（4、5人前）

イカ	大きめの2はい
わかめ	戻したもの450ｇ（乾物40ｇ）
ねぎ	15㎝
ニンニク	1片
ゴマ油	
タレ	
しょう油	大サジ2杯半
日本酒	大サジ2杯
酢	大サジ1杯半
片栗粉	大サジすりきり1杯

1人前　140kcal

作り方

1　わかめは、じゅうぶんに戻してから、やわらかくゆで、水気を切って5、6センチに切ります。

イカは新しいものをえらび、足とワタを抜いて皮をむき、胴をタテに二つに切って、身の内側に深めに切れ目を入れます。これをタテに四つ割りにして、3、4センチ幅に切ります。ミミも同じように皮をむき、切れ目を入れて切ります。これをサッとゆでて、よく水気を切っておきます。

ネギは3、4センチに切って、細く割り、ニンニクは薄くきざんでおきます。

タレの材料は、あらかじめよくまぜ合せておきます。

2　ナベに油を大サジ2杯とって熱くして、ニンニクを入れ、香りがたってきたら、ネギを入れて少し炒め、イカ、つづいてわかめを入れます。わかめから水が出ますから、それをとばすようなつもりで、強火で炒めます。ただし、いつまでも炒めていると、イカから水気がでてきて、かたくなるので気をつけます。

3　全体に火が通ったら、タレをかけます。片栗粉がしずんでいますから、よくかきまぜて、まわしかけ、手早くからめます。

香りづけに、あればゴマ油茶サジ2杯を全体にまぜます。

クーブイリチー（昆布の炒め煮）

戻して売っている切り昆布を使うと、手間がいりません。豚肉は固まりでゆでておくと、しょうが醤油やからし醤油でいただいてもいいし、サラダにしたり、いろいろに使えます。ゆで汁はスープになります。急ぐときはうす切り肉でも。

■豚肉のゆで方

豚肉（バラ肉）を固まりのままゆでます。まず、沸騰した湯に入れて一度ゆでこぼし、水で洗います。ナベに新しい水をはって、洗った肉を入れ、煮立ったら弱火にして、アクをとりながら1時間半ほど煮ます。

作り方

1　切り昆布は適当に庖丁を入れて食べやすくします。ゆでた豚肉、さつま揚げ、こんにゃくはどれもうすい短冊形に切ります。

2　ナベに油を大サジ1杯とって、豚肉とこんにゃくを炒め、しょう油とみりんを各大サジ2杯、日本酒大サジ1杯、塩茶サジ½杯で味をつけます。

昆布と豚のゆで汁カップ3杯を入れ、昆布がやわらかくなるまで煮こみます。

最後にさつま揚げを入れて、ひと煮立ちさせて、火を止めます。

材料（3、4人前）

切り昆布
　戻したもの1パック(300g)
ゆでた豚バラ肉　150g
さつま揚げ　2枚
こんにゃく　⅔枚
みりん、日本酒

1人前　295kcal

魚

宮《クン》保《ポウ》明《ミン》蝦《シャ》

魚

北京料理のなかでも、日本人に人気の高い海老料理です。集まりのときなど、見た目も豪華ですし、誰にでも喜ばれます。海老に片栗粉のコロモをつけて天ぷらにし、独特の甘辛いタレをからめます。白身の魚やイカも、同じようにすると、海老とはまたちがった味が楽しめます。

作り方

1　エビはカラをむき、背ワタがあったら抜き取り、庖丁をねかせて三つにそぎ切ります。

唐辛子は種をとって、細い輪切りに、しょうがはコロッとしていたら、二つに切って、できるだけ薄く切ります。

ニンニクも薄切りです。

タレはあらかじめ合せて、よくまぜておきます。

2　切ったエビをボールにとり、玉子を割りこんで、手でよくまぶします。ここへ片栗粉をカップ1杯半入れて、やはり手でよくまぜ合せます。これがコロモになります。

3　このエビを揚げます。新しい揚げ油をナベにたっぷりとって強火にかけ、充分熱くしてから、エビを一つずつ入れて、揚げてゆきます。熱い油でパッと揚げないと、コロモがカリッとしません。火があまり強くできなかったり、ナベが小さくて油をたっぷりにできないときは、エビを少しずつ何回にも分けて揚げます。

　揚げ終ったら、油をほかへあけて、ナベをきれいにします。
4　ナベを火にかけ、油を大サジ2杯とり、きざんだ唐辛子、しょうが、ニンニクを入れて、サッと炒めます。香りがたってきたら合せておいたタレを入れ、強火でまぜながらワーッと、1分ほど沸かします。
5　ここに揚げたエビを入れて、手早くタレをからめつけ、火を止めたら、すぐゴマ油を茶サジ1杯ふりかけます。
　器に盛り、ナベに残ったタレをかけます。

材料（7、8人前）

エビ　大24尾（無頭で約900ｇ）	
玉子	2コ
赤唐辛子	3、4本
しょうが	親指の頭大
ニンニク	小2片
片栗粉	カップ1杯半
新しい揚げ油、ゴマ油	
タレ	
老酒かウィスキー	大サジ1杯
砂糖	大サジ山2杯
日本酒	大サジ3杯
しょう油	大サジ6杯
酢	大サジ4杯
水	大サジ2杯

1人前　355kcal

役に立つ道具たち その1

落しブタ

魚を煮る、野菜を煮る、豆や昆布を時間をかけて煮るなど、煮ものを上手につくるには、落しブタが欠かせません。

落しブタを使うと、中のものがフタでおさえられて、おどらないから煮くずれしにくいし、下からわき上がってくる煮汁が、フタにあたってまた下へもどるので、煮ものによく味がしみこみます。煮汁がゆっくり煮つまるのです。

昔から使われてきた木の落しブタは、あたりがやさしくてどんなものにもむきます。しかし、サワラや杉などは、新しいうちは木の匂いが強くて、煮ものに匂いが移ることがありますから、熱湯でよく煮てから使うようにします。

写真の左はステンレス製で、蒸し板と落しブタを兼ねたものです。3センチ位の高さの足がついていて、落しブタとして使うときは、足が持ち手になります。木のフタよりやや重いのですが、小さい穴が全面にあいていて、煮汁がなかなかいい具合にまわります。

大きさは16センチ位からいろいろありますから、使うナベより2、3センチ小さいものを用意するといいでしょう。（サワラ材　18センチ　460円　星野工業所。スチームプレート　18センチ　1000円　宮崎製作所）

おろし金スクレーパー

うすく板状にした竹のヘラの先を細くさいたブラシです。ユズやしょうが、ワサビなどを薬味に少しおろして使いたいとき、小さいおろし金を使っても、おろし金の目にくっつく方が多くなったりします。

そんなときが、このスクレーパーの出番です。

竹にはほどよい弾力があり、竹串などよりずっと効率よくかき集めることができます。

卓上おろしとセットにして使うと便利です。すりばちにも使えます。

（カンクマ　340円）

アク取り

鍋ものやカレー、シチュウのような煮込み、潮汁やトリガラのスープをとるときなど、アク取りをおろそかにすると料理がおいしく仕上がりません。

ついお玉ですませてしまいますが、こういう、平べったくて、アミの目の細かいアク取りが一本あると、アクだけがすくえて重宝します。

（東急ハンズ　380円）

万能トング

先が木の葉型で、フチにギザギザがあり、少し内側にくぼんでいるのが、つかみやすいのです。バーベキューはもちろん、身のくずれやすい焼き魚を裏返すとき、オーブントースターから熱いものを取り出す、あたためたレトルトの袋をナベからとりだす、麺類を取り分けるときなど、菜箸よりも滑りにくく、しっかりとつかめます。使わないときは、根元の方によっている四角いワクを先の方へずらすと、開いた先が閉じるので、しまうのもラクです。

（アイザワ　500円）

とうふ・玉子

中国ふう冷奴

材料（２、３人前）

とうふ	１丁
干しエビ	10ｇ
ねぎ	½本
香菜	１株
タレ	
しょう油	大サジ１杯半
ゴマ油	大サジ１杯半
豆板醤	茶サジ½杯

１人前　170kcal

おとうふに、干しエビとねぎ、香菜をたっぷりのせた冷奴です。豆板醤がピリッときいたタレでいただきます。

作り方

1　とうふは水気を切って、ヨコに庖丁を入れ、厚さを半分にしてから、2チセン角くらいに切ります。

2　干しエビはヒタヒタのぬるま湯に30分位つけてもどします。このままでもけっこうですが、細かくきざむと、たべよくなります。

3　ネギは二つに割って、はしから細かくきざみます。香菜は軸もいっしょに1チセン位にきざみます。

4　タレを合せます。辛いのがお好きなら、豆板醤の量をふやして下さい。

5　器にとうふを盛り、干しエビと薬味をのせて、その上からタレをかけていただきます。

にら入り炒りどうふ

材料（５人前）

木綿どうふ	２丁
ニラ	½束
生椎茸	５枚
玉子	２コ
ゴマ油	

１人前　150kcal

あさりと厚揚げの煮もの

材料（4人前）	
あさり	400g
厚揚げ	2枚
菜っぱ	1束半
しょうが	1片（15g）
かつおダシ	カップ1杯半
日本酒、バタ	

1人前　195kcal

あさりの味が菜っぱにしみた、薄味の煮き合せです。厚揚げが入るので、ボリュームがあります。

菜っぱは、小松菜、青梗菜、しんとり菜など、アクの少ないものなら何でも使えます。

作り方

1　あさりは砂をはかせ、よく洗っておきます。

菜っぱは、株のところを落として、3センチ位の長さに切ります。

厚揚げは熱湯をかけて油ぬきをし、一枚を八つに切ります。しょうがはセン切りです。

2　口の広い浅めのナベに、ダシカップ1杯半をとり、日本酒カップ1/2杯、塩茶サジすり切り1杯で味をつけ、厚揚げと菜っぱを入れて中火でたきます。厚揚げを返しながら煮て、味がしみたら、あさりを入れ、落しブタをして煮ます。

3　あさりの口があいたら、しょう油茶サジ1杯とバタ大サジ1杯を入れ、しょうがを全体にちらして、煮立ったら火を止めます。

ゴマ油の風味の、にらと玉子が入った炒りどうふです。

作り方

1　とうふはフキンに包んでマナ板にのせ、上にもう一枚マナ板をのせて、斜めにし、しばらくおいてよく水気を切ります。電子レンジなら、キッチンタオルにくるんで1丁で1分ぐらいです。生椎茸は薄切り、ニラは3センチくらいに切ります。

2　ナベにゴマ油を茶サジ2杯とり、とうふを粗くほぐして入れ、しゃもじでほぐしながら強火で炒ります。ここへ、うす口しょう油大サジ1杯半、塩一つまみ、砂糖茶サジ1/2杯入れて、味をととのえ、椎茸、ニラも入れて、手早く炒めます。

3　味をみて、よければ玉子をといて流し、すぐに火を止めます。

*うす口しょう油がないときは、濃い口でもいいのですが、色を濃くしたくなかったら、しょう油をへらし、その分、塩をふやします。

麻婆どうふ

中国の有名な家庭料理です。唐辛子とニンニクでも出来ますが、豆板醤を使うと、ぐんと風味が増し、おいしくなります。

材料（3、4人前）

木綿どうふ	2丁
豚のひき肉	100g
ニンニク	2片
アサツキかねぎ	少々
片栗粉、豆板醤	
ゴマ油、日本酒	

1人前　265kcal

とうふ・玉子

作り方

1　とうふは、横に庖丁を入れて、厚さを半分にしてから、1.5㌢角ぐらいのコロコロに切ります。これを水から入れて5分くらいゆで、ザルに上げて、しっかり水気を切っておきます。

ニンニクはこまかくきざみます。

2　ナベに油を大サジ1杯とって火にかけ、ニンニクを入れてサッと炒めてから、ひき肉を入れて、しょう油大サジ2杯と日本酒大サジ1杯で味をつけながら、よく炒めます。

3　肉によく味がしみたら、湯をカップ1杯半入れて、とうふを入れます。そこへ、しょう油大サジ2杯、豆板醤茶サジ1杯半、砂糖茶サジすりきり1杯入れ、しばらく煮て、全体をよくまぜ合せてから、味をみて好みで少ししょう油をたします。

4　片栗粉大サジ2杯を、水大サジ3杯でといて、かたまりができないように少しずつ加えてトロミをつけます。

最後に、アサツキかネギの青いところをきざんで入れ、火を止めて、ゴマ油を茶サジ1杯ほどふります。

豆板醤の量は好みで加減します。

●肉を炒める

●とうふを入れる

●トロミをつける

とうふの中国風あんかけ

辛いのが苦手な方にもむく、中国ふうのとうふ料理です。しょう油味のトロッとしたあんで、体もあたたまります。スープはトリガラで濃くとります（とり方は74頁）。

材料（3、4人前）	
薄切りの豚肉	150ｇ
木綿どうふ	1丁
しめじ	1パック
トリガラのスープ	カップ1杯半
細ねぎ	6、7本
しょうが、ねぎ	
片栗粉、日本酒、ゴマ油	

1人前　160kcal

作り方

1　とうふはマナ板にのせ、斜めにして水を切っておき、はしから7、8ミリの幅に切ります。豚肉はひろげて一口大に、細ネギは3、4センチの長さに切ります。しめじは石づきをとってほぐしておきます。

2　ナベを火にかけて、油を大サジ1杯とり、熱くなったら、ミジン切りのネギとしょうが各茶サジ1杯ずつをサッと炒めます。ここに肉を入れ、しょう油大サジ2杯で味をつけます。次にスープをカップ1杯半としめじを入れ、しばらく煮てから、とうふを入れます。

塩茶サジ1/2杯、日本酒大サジ1杯で、味をととのえます。

3　アクが出たらすくいとり、片栗粉茶サジ2杯を同量の水でといて、ナベをゆすりながらまわし入れて、トロミをつけます。

4　ぐつぐつ煮えてきたら、細ネギを入れて火を止めます。仕上げにゴマ油を茶サジ1杯まぜて、とうふをくずさないようにお皿に盛ります。

ゴーヤーチャンプルー

とうふ・玉子

ゴーヤー（苦瓜）と豆腐、玉子でつくる沖縄の代表的な料理です。

材料（4、5人前）

苦瓜	小2本（400g）
木綿どうふ	1丁半
玉子	2コ
けずりかつお	一つかみ

1人前　205kcal

作り方

1　苦瓜をタテに二つに割って、スプーンでタネをそぎとります。

はしからうすく切って、熱湯でサッとゆがきます。苦味が気にならないなら、かるく塩をしてしぼって、そのまま使う方が沖縄ふうです。

とうふは一度ゆがくか、軽く重石をして水をよく切っておきます。

2　フライパンに油を大サジ2杯とり、とうふを5チセン角に切って入れて、まわりに焼き色がつくまでしっかり焼き、塩を軽くふって、皿にとります。

3　フライパンに油を大サジ1杯足して、苦瓜を炒めます。火が通ったら、とうふをもどしてあわせ、玉子をといてまわし入れ、塩を軽くふって味をととのえます。

最後にけずりかつおを入れて、ざっくり合わせます。

とうふのオイル焼き

とうふに片栗粉をまぶして油で焼きます。揚げだしどうふよりも、手軽に作れます。熱いダシをたっぷりかけていただきます。

●片栗粉をまぶす

●ゆっくりと焼く

材料（3人前）

木綿どうふ	2丁
大根、一味唐辛子、ねぎ、片栗粉	
六杯だし	
みりん	カップ½杯
しょう油	カップ½杯
かつおダシ	カップ2杯

1人前　315kcal

作り方

1　マナ板の上にフキンを敷いてとうふをならべ、上からもフキンをかけて、マナ板を斜めにして軽く水を切ります。あまりよく水を切ってしまうとおいしくありません。

水が切れたら、1丁を三つか四つに切り、とうふが厚いときは、さらに二枚に切ります。各面に片栗粉をまんべんなくしっかりまぶしつけます。

2　フライパンに油を大サジ2杯とってとうふをいれ、各面とも色よく焼けるまで、とろ火でゆっくりと焼きます。

六杯だしを用意します。六杯だしはみりん1、しょう油1、ダシ4の割合で作ります。まず、分量のみりんを煮切って、しょう油を入れ、沸いたらダシでのばします。天つゆにも使います。

焼きたてのおとうふに熱いダシをたっぷりかけ、薬味をそえます。薬味は、大根をおろして一味唐辛子をまぜたもみじおろしと、ネギをこまかくきざんで水で洗ったさらしネギです。

中国ふう茶碗むし

一鉢に蒸しあげた玉子の上に、貝や海老、ささみなどが入ったアンをかけるご馳走の茶碗むしです。熱いうちに、各自で取り分けていただきます。玉子は和風の茶碗むしより、ややかためですが、もう少しやわらかくしてもいいでしょう。トリガラスープは即席スープでもけっこうです。

作り方

1　干しエビはひたひたのお湯につけます。紋甲イカは身の内側に2、3ミリの幅で全体に細かい格子の切れ目を入れ、2、3センチ角に切ります。
　エビはカラをむいて背ワタをとり二つか三つにそぎ切りにします。ささみはスジをとり、エビと同じに切ります。貝柱は二、三枚にへぎます。細ネギは3センチ位に切ります。

2　玉子4コをよくよくときます。別に、トリガラのスープカップ3杯に塩茶サジすり切り1/2杯、日本酒大サジ1杯でうす味をつけ、といた玉子とまぜ合せます。
　これを大きい器に入れ、干しエビを加えて、弱火で20~30分蒸します。箸をさしてみて、にごったおつゆが出なければ、蒸し上がりです。

3　蒸している間に具を用意します。
　エビ、貝柱、ささみ、イカをボールにとり、玉子の白味1コ分、塩一つまみ、片栗粉大サジ1杯半を手でよくまぶしつけます。

　ナベを火にかけて熱くし、油をカップ2杯とって、まだぬるいうちにコロモをまぶした具を全部入れ、箸でほぐしながら火を通し、色が変ってきたらアミ杓子でひき上げます。

　ナベをきれいにして強火にかけ、油を大サジ2杯とって、ネギとしょうがのミジン切りをサッと炒め、そこにスープをカップ3杯、しょう油大サジ2杯、日本酒大サジ1杯を入れて、味をみて足りなかったら塩をたします。

　煮たったら、油を通した材料を入れ、片栗粉大サジ2杯を水大サジ3杯でといて、トロミをつけます。

　細ネギをちらし、これを蒸し上った玉子の上にかけます。

材料（4、5人前）

玉子	大4コ
玉子の白味	1コ分
トリガラのスープ	カップ6杯
干しエビ	大サジ2杯
エビ	中5尾
ホタテの貝柱	3コ
紋甲イカ	100ｇ
トリのささみ	2本
細ねぎ	5本
ねぎ、しょうが（ミジン切り）	各大サジ1杯
片栗粉、日本酒、揚げ油	

1人前　285kcal

竹輪とわかめの茶碗むし

わかめと竹輪だけのシンプルな茶碗むしです。わざわざ特別な具を用意しなくても作れます。

材料（4、5人分）

カットわかめ	5ｇ
細めの竹輪	2本
玉子	中3コ
かつおダシ	カップ3杯半
しょうが	少々

1人前　100kcal

作り方

1　わかめは、ぬるま湯につけて戻して、庖丁を入れておきます。

竹輪は、熱湯をかけてから、出来るだけ薄く小口からきざみます。

2　ボールに玉子をぜんぶ割りこみ、ダシ、塩茶サジすり切り1/2杯、しょう油大サジ1杯で味をつけ、泡立器でよくまぜ、こします。

3　蒸し茶碗を用意し、竹輪とわかめを、それぞれ等分に盛ります。

ここに、玉子汁をお玉で静かに注ぎ入れます。だいたい一碗に、お玉2杯くらいの見当です。

4　茶碗のフタは使わず、しずくが入らないように、一つずつアルミ箔をかぶせます。

ふかし釜に湯を煮たて、フタを少しずらして、中火で15分蒸します。

いただくとき、しぼりしょうがをたらし、よくまぜます。

だしまき玉子

ふんわりとやわらかいだし巻は、甘い玉子焼きとはちがう、おいしさがあります。焼き方がむずかしいと思われがちですが、樹脂加工の四角い玉子焼きナベを使うとラクに焼けます。
はじめは、このダシの量で作ってみてください。上手に焼けるようになったら、ダシをもっと増やしたほうがおいしくなります。

材料（2、3人前）

玉子	4コ
かつおダシ	カップ$\frac{1}{2}$杯
大根おろし	

1人前　125kcal

作り方

1　玉子4コをよくといてから、ダシをカップ$\frac{1}{2}$杯加え、しょう油茶サジ1杯で味をつけます。
ナベを弱火にかけて、油をすみずみまでひきます。ナベがあたたまりかけたら、といた玉子をお玉に1杯流し込んで全体にゆきわたらせ、フチが箸にひっかかるぐらいになったら、手前の方へ三つか四つに折り返してよせます。
ナベのあいた方に油をひいて、手前から向こう側へ玉子を移し、そのあとにも同じように油をひきます。

2　そこへ、といた玉子を、またお玉1杯入れて、写真のように箸で玉子を持ち上げ、流した玉子がその下側へムラなくいきわたるようにしてやります。ここがだし巻のコツです。

3　流した玉子に火が通りかけてきたら、はじめと同じように、巻いた玉子を手前に返して、また向こう側に寄せ、玉子がなくなるまでこれをくり返します。4、5回巻くことになります。

4　焼き上ったら、巻スの上にとり、両側から巻いて形をととのえ、そのまま2、3分おきます。焼いている途中で形がくずれても、巻スで巻くとちゃんといい形になります。
適当に切り、しょう油を落とした大根おろしをたっぷりそえます。

オムレツ・スパニッシュソース

プレーンオムレツにトマト味のソースをかけます。朝食やブランチにどうぞ。ソースの野菜をさっと炒めて、玉子にまぜこんで焼くのもわるくありません。

材料（４人前）

玉子	８コ
赤いトマト中３コ	（500ｇ）
玉ねぎ	中½コ
ピーマン	１コ
マッシュルーム	４コ
月桂樹の葉	１枚
バタ	

１人前　250kcal

作り方

１　まず、ソースを作ります。

トマトは、皮を湯むきし、タネをとって1㌢角に、玉ねぎとピーマンはタテに1㌢幅に、マッシュルームは2㍉くらいの厚さに切ります。

フライパンにバタ大サジ1杯をとかし、玉ねぎを炒めます。やわらかくなったらピーマンと月桂樹の葉を入れ、マッシュルームを入れて炒めます。

次にトマトを入れて、塩茶サジ½杯、コショーをふって、汁がいくらか煮つまってくるまで煮ます。

２　オムレツを焼きます。玉子を2コずつ割り、塩一つまみとコショーをふって、よくときます。使いなれているフライパンをあたため、バタを大サジ1杯とかします。火は中火です。

バタがとけたら、玉子をさっと流しこみ、ナベを動かしながら、手早く箸で玉子を均等にかきまぜます。

少しかたまってきたら、フライパンを写真のようにかしげて、玉子を先の方へ箸でよせて、形をまとめます。

ナベの下にお皿をあてて、ナベをかぶせるようにして、お皿にあけます。

きれいにしたいときは、上からぬれブキンをかけて、両手で形をととのえます。真ん中に長く切れ目を入れ、左右におし開けて、ソースをかけます。

●プレーンオムレツの焼き方

●形のつけかた

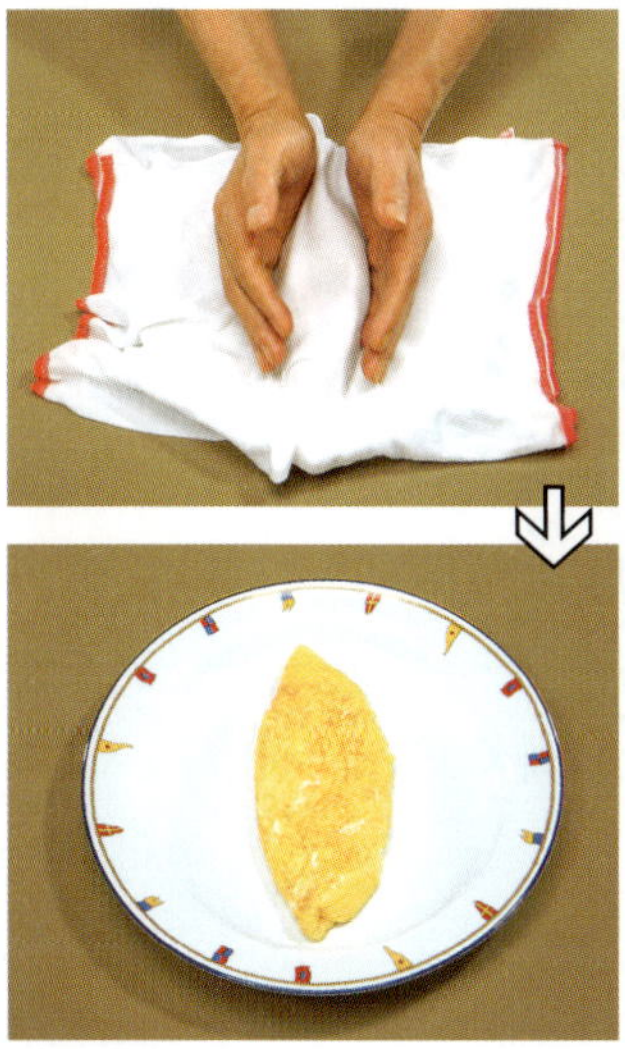

かに玉

芙蓉蟹《フヨウハイ》のことです。酢豚とならぶ、お馴染みの中国料理の定番です。たけのこと椎茸でおいしさが倍増します。

おいしくつくるには、焼きすぎないことです。きれいな形にならなくても、アンをかけるから心配はいりません。

一人分ずつでも、中華ナベで形よく焼けますが、なれないうちは樹脂加工の小さいフライパンのほうがラクです。

これをラーメンの上にのせると天津麺、ごはんの上にのせると天津丼です。

作り方

1　カニの身は大きくほぐし、缶詰なら骨を抜き、汁気をきっておきます。

干し椎茸は水かお湯につけて、やわらかく戻し、軸をとって二つに切り、端からうすくきざみます。

たけのこはよく洗ってから、2センチぐらいの長さで2、3ミリの幅にきざみます。

ネギはタテ半分に割って、斜めにう

材料（4人前）

カニの身（できればタラバガニ）	100g
ねぎ	小2本
ゆでたけのこ	150g
干し椎茸	中3コ
玉子	6コ
片栗粉	
固形スープ	1コ

1人前　290kcal

1

3

2

4

す切りにします。

2　大きめのボールにきざんだ野菜とカニを入れ、玉子を割り入れます。塩茶サジすりきり1杯とコショーを二、三ふり入れて、箸で玉子をほぐして、ざっくりと全体に合わせます。

3　玉子を焼く前に、上にかけるアンをつくっておきます。小ナベにお湯をカップ2杯ほど沸かし、固形スープをとかします。しょう油大サジ1杯、砂糖茶サジ山1杯を加えます。

煮たったら片栗粉大サジ1杯半を水大サジ3杯でといて流し、トロミをつけます。

4　一人分ずつ玉子を焼きます。ナベをいったん熱くして、油を大サジ1杯とり、全体に回します。材料をお玉に1杯半ぐらいすくって流します。これがだいたい1人前です。

火は中火より弱めにして、焦げつかないようにナベをゆすりながら焼き、上が固まりかけてきたら、ひっくり返し、サッと焼いて、お皿にうつし、上からアンをかけます。

全部を一回で焼くときは、材料を大きなフライパンに流し込み、油をまぜこむように底から大きく返して、しばらく焼き、フライ返しで切りながら、いくつかに分けて返し、両面に焼き色をつけてお皿にとります。

役に立つ道具たち その2

キッチンバサミ

魚のヒレや、カニの殻、昆布やスルメなどのかたいものが、ふつうのハサミよりも弱い力で切れます。冷凍食品や、レトルト食品の口を開けたり、牛乳パックを切り開くときにも重宝します。（木屋　５０００円）

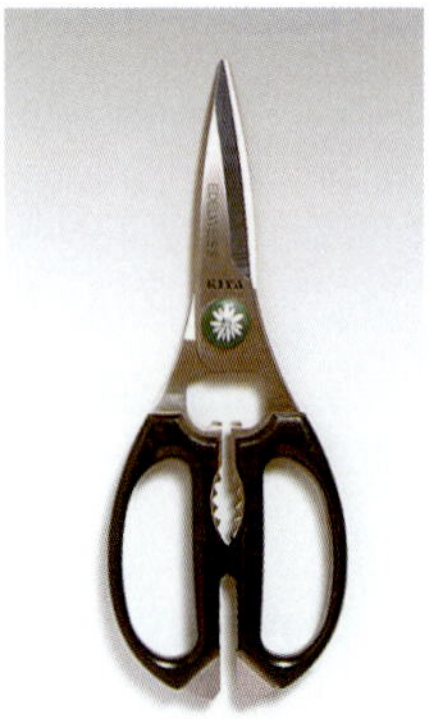

ビン・缶用スクレーパー

「缶入りソースやビン入ジャムをムダなく使い切る」という、シリコンの小ぶりのヘラです。ヘラの下半分が薄くて、先が少し内側に曲がっているから、ビンや缶の壁面にそわせて中身をかき集めたり、かきだしたりが、手早くできます。丸はもちろん、四角や六角などの変わったビンの中身も、隅々までよくとれます。

ビン・缶用スクレーパー
レック　380円

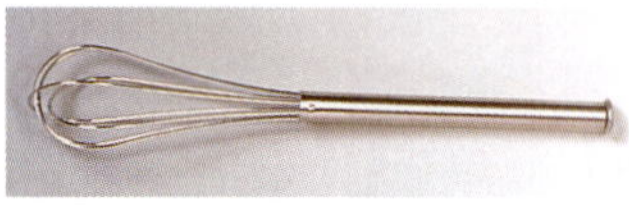

小さな泡立て器　500円

小さな泡立て器

味噌をとくとき、ドレッシングを作るときなど、ちょっとしたときに、長さ15センチ位の小さな泡立て器があると便利です。インスタントのココアやスープをカップで溶かすときも、スプーンよりもダマにならずによく溶けます。

ドレッジ

洋菓子作りの道具です。まっすぐな方は、パン生地やドウを切り分けたり、ケーキのタネを平らにならすときに、カーブしている方は、ボールからクリームや生地をさらうのに使います。お菓子以外でも、細かく切った野菜をマナ板で集めたり、ボールやナベに移すときに便利です。（タイガークラウン　２３０円）

皮むき器

皮むき器があると、薄くきれいに手早く皮がむけます。

これは、刃が野菜のカーブにそって回るから、うまくむけます。持ち手も少しカーブしていて指が当たる部分に溝があり、手になじんで使いやすく出来ています。

（川嶋工業　４００円）

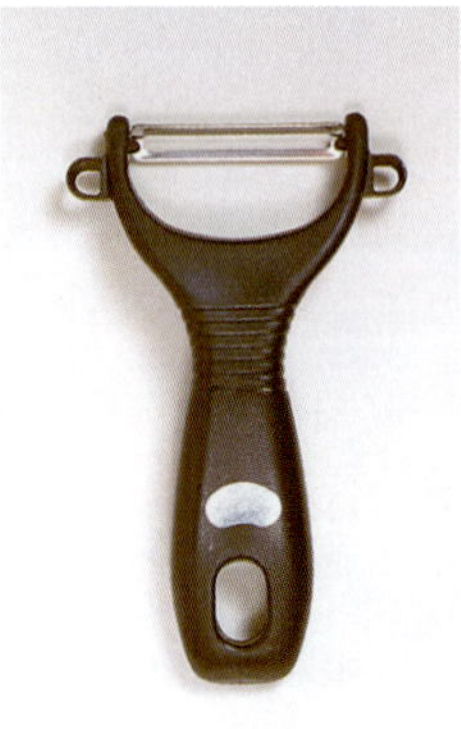

ブラシとタワシ

流しの洗いものには、スポンジや布状のものを使っている方が多いでしょうが、フライパンや中華ナベの油を始末したあとなど、熱いお湯を使って洗いたいときには、そういうものは向きません。

そんなとき、便利なのが右の写真の上と真ん中のブラシです。お湯をジャーッとかけてゴシゴシこすれば、手を汚すこともなく、簡単にきれいになります。

上は「鍋・フライパン洗い」といって売っているもので、柄は木、ブラシはパキンという植物繊維です。もともとは西洋の台所用の皿洗いブラシです。

真ん中は「ささら」といって、昔は流しで使っていたものですが、細く割った竹をまとめたもので、上の方を握って持ちます。中華料理店などでは、今でもナベを洗うのに使っています。

下はおなじみの亀の子ダワシです。どれも、おろし金、すり鉢、ザルやストレーナーなどを洗うときや、野菜の泥おとしなどに威力を発揮します。

（**上**　マーナ　４５０円　**真ん中**　雅　３３０円　**下**　亀の子束子西尾商店　２５０円）

スープ・汁・鍋もの

かきたま汁

おいしく作るコツは、普通のお吸いものより濃いめのダシをとることと、玉子が汁のうまみをすってしまうので、たくさん入れないことです。

作り方

1　昆布とかつおぶしで、濃いめのダシをカップ6杯用意します（とり方は28頁）。これに塩茶サジすり切り1杯

のりすい

このお吸いものは、のりとしょうががあれば、簡単に作れておいしいので、覚えておくと役に立ちます。

作り方

1　針しょうがを作ります（詳しくは47頁）。これは、細いほど味がいいので、ていねいに、なるべく細く切り、きざんだはしから水にさらしていきます。

2　吸いかげんの汁を作ります。
　まず、かつおぶしと昆布で吸いもの用のダシをカップ5杯とります（とり方は28頁）。塩茶サジ1杯、しょう油茶サジ1杯、日本酒大サジ1杯を加えます。しょう油の量は好みでふやします。

3　のりを1人1枚の見当であぶり、乾いたフキンにつつんで、細かくもんで、乾いたお椀に入れます。
　フキンに包んで水気をとった針しょうがを、一つまみほどのせ、上から熱いダシをたっぷりはります。

材料（5人前）

焼のり	5枚
しょうが	50g
かつおと昆布のダシ	カップ5杯
日本酒	

1人前　5 kcal

半、しょう油大サジ1杯、日本酒大サジ2杯で味をつけます。

煮上ってきたら、ここに片栗粉大サジ1杯を水大サジ2杯でといて、しずかに流し入れてトロミをつけます。お玉でかきまぜながら、少しずつ入れます。

2　玉子をよくほぐします。

汁が煮立たないように、火をごく弱くして、泡立器でかきまぜながら、玉子を少しずつ入れてゆきます。

玉子がぜんぶ入ったら、火を止めます。玉子が入ってから、汁を煮立てると、玉子がよって固まってしまいますから、気をつけて、必ず火を止めます。

お椀によそったら、上にさらしネギを一つまみのせて、しょうがをしぼります。しょうがが片栗粉のにおいを消してくれます。

材料（6人前）

玉子	2コ
かつおと昆布のダシ	カップ6杯
ねぎ、しょうが、日本酒、片栗粉	

1人前　40kcal

なめこととうふの味噌汁

材料（5、6人前）

なめこ	2パック（200ｇ）
とうふ	1丁
煮干しのダシ	カップ5杯
味噌（赤でも白でも好みで）	90ｇ

1人前　60kcal

味噌汁のおいしさの一つは、味噌の香りです。味噌をといたらグラグラ煮たてないように気をつけます。

作り方

1　煮干しを水から煮て、ダシをとります（くわしいとり方は28頁）。アミで煮干しをすくうなり、こすなりして味噌をときます。

2　小ナベにお湯をわかし、煮立ったところになめこを入れてゆがき、ザルに上げます。缶詰を使うときも、一度ゆがくと缶のニオイがとれます。

とうふはサイの目に切ります。

3　仕立てた味噌汁に、なめこととうふを入れて、沸騰する寸前に火を止めます。

＊味噌は、仙台みそ、越後みそなどの赤味噌に、白い信州みそを取り合わせても、おいしくなります。

＊遅くなる人がいるときは、煮立てる前に味噌汁と具を分けて、とっておきます。

さつま汁

さつま汁には豚肉と、さつまいもとごぼうのささがきだけは必ず入れます。あとは味噌に合うものなら、なんでもけっこうです。

材料（3、4人前）

豚のうす切り（脂の多いところ）	100g
さつまいも	小1本（100g）
ごぼう	1本（100g）
にんじん	½本（100g）
ねぎ	小1本
しょうが	1かけ
白みそと赤みそを合わせて	90g

1人前　180kcal

作り方

1　豚肉はアブラの多いところを、一口でたべられるくらいに切ります。小間切れ肉でもけっこうです。

さつまいもは1センチほどの厚さに、にんじんは3ミリ厚くらいのいちょうに切ります。ごぼうはささがきにして、水にさらし、アクを抜いておきます。ネギは小口からきざみます。しょうがはミジン切りにします。

みそは、白みそ7に赤みそ3ぐらいの割で合せますが、好みで、赤みそを多くしてもけっこうです。

2　ナベに水をカップ6杯とり、すぐ豚肉を入れて、強火で煮立て、アクをとります。肉が白くなってきたら、ごぼうとにんじんを入れます。

にんじんがやわらかくなったらさつまいもを入れ、さつまいもがやわらかくなったら、みそを入れます。

みそがとけたら、ネギとしょうがを入れ、ワーッと煮上ってきたら出来上りです。

＊野菜の分量、みその分量は、少しぐらい多くても少なくても、こういうものの味はそう変りはありません。

船場汁二つ

もともとはアラでやったものですが、これは、塩サバの骨のないほうの半身を使います。生サバだったら、三枚におろして、使う大きさに切ってから、強めに塩をふって半日ほどおいて使います。

大根が入ったものと、大根の代わりに、大ぶりに切った、とうふとネギを取り合わせたのも、わるくありません。

大根入り

材料（４人前）	
塩サバ	中半身
大根	5 cm（150 g）
しょうが	1 かけ
だし昆布	10cm角

1 人前　155kcal

1　大根は皮をむいて、タテに1センチ幅に切って、うすい短冊に切ります。

塩サバは毛抜きで骨を抜き、2センチ幅に切ります。

2　ナベに水をカップ5杯入れ、昆布と大根を入れて火にかけます。ぐらぐらと沸いてきたら、昆布をとりだし、サバを入れます。

3　サバが煮えてきたら、アクをとり、塩茶サジすり切り1杯と、しょう油茶サジ1杯で味をつけます。

塩加減をみて、よかったらしょうがをおろし、しぼり汁を茶サジ1杯入れます。

材料（４人前）	
塩サバ	中半身
とうふ	1 丁
ねぎ	1 本
だし昆布	10cm角
日本酒	

1 人前　215kcal

とうふとネギ入り

1　サバは3センチ幅に切り、ネギは5センチぐらいに切って、タテに細切り、太めの白髪ネギにします。

2　ナベに水をカップ5杯とり、昆布を入れて火にかけます。煮立ったら、昆布を取り出し、サバを入れます。すぐ色が変わって煮えてきますから、アクをとり、とうふを八つぐらいに大ぶりに切って入れます。

3　塩茶サジすり切り1杯ほどで塩加減をととのえ、日本酒少々を落とします。ネギを入れ、しょう油をポトポトと4、5滴落として火を止めます。

エスニック風千切り野菜スープ

タイの魚醤ナンプラーの風味にぎょうざの皮や香菜の香ばしさが加わって、エキゾチックな味が楽しめます。

材料（4人前）

大根	200ｇ
ねぎ	½本
白菜	2枚
生椎茸	3コ
にんじん	½本
たけのこ	小1コ
豚バラ肉うす切り	100ｇ
緑豆春雨	50ｇ
トリガラスープ	カップ5杯
日本酒、ナンプラー	
仕上げ用	
ぎょうざの皮	4枚
香菜	適量
すだち	2コ
揚げ油	

1人前　225kcal

作り方

1　具の野菜と豚肉は、すべてセン切りにします。春雨は、熱湯に4、5分つけてもどし、庖丁を入れて食べやすい長さに切ります。仕上げ用のぎょうざの皮は、細く切って、こんがりとキツネ色に揚げておきます。わんたんの皮や春雨でも。

2　ナベにトリガラスープを煮立たせ、日本酒大サジ1杯を加え、豚を入れ、アクをとったら、火の通りにくい順に野菜を入れていき、最後に春雨を入れます。ナンプラーと塩、コショーで味をととのえ、野菜に歯ごたえが残る程度で火を止めます。ナンプラーの量は好みですが、一人につき二ふりぐらい、全部で茶サジ1〜2杯ほど、かくし味程度にきかせます。

3　スープを器に盛り、揚げておいたぎょうざの皮と香菜をのせ、すだちをしぼります。

香菜が苦手なら春菊や糸三つ葉でどうぞ。

材料（4、5人前）

じゃがいも（メイクイーン）	1コ
にんじん	小½本
セロリ	20㎝
さやいんげん	7、8本
玉ねぎ	½コ
トマト	中1コ
冷凍グリンピース	50ｇ
ねぎ	1本
セルフィユ（パセリでも）	2本
バタ	
チキンブイヨン	カップ5杯

1人前　80kcal

田舎ふう野菜スープ

いろんな野菜を同じ大きさに切ってチキンブイヨンで煮たスープです。野菜のうま味がたっぷり出ます。

作り方

1　トマトは熱湯にくぐらせ、冷水にとって皮をむき、種をとって1㌢角に切ります。玉ねぎ、ネギ、さやいんげんも同じ大きさに。にんじんとじゃがいもは皮をむき、セロリはスジをとって厚みをへいで、やはり1㌢角にします。

2　ナベにバタを大サジ1杯とり、玉ねぎ、ネギ、にんじん、セロリを、しんなりするまで炒めます。

3　ここにチキンブイヨン（とり方は74頁。固形スープ2コを水カップ5杯でといても）を入れ、じゃがいも、さやいんげん、トマト、グリンピースを加えて、グラグラ煮立たない程度に火加減して、野菜が充分やわらかくなるまで煮ます。

最後に、塩茶サジすり切り1杯（固形スープのときはちょっとひかえる）とコショーをふって、2、3分煮て火を止めます。

器にスープを盛り、きざんだセルフィユを浮かせます。

材料（4人前）

トリのもも肉	100ｇ
もどしたわかめ	1カップ（60ｇ）
あさつきかネギの青いところ	少々
ゴマ油	

1人前　60kcal

わかめスープ

韓国では、ビビンバにはこのスープがつきものです。ここでは、トリのもも肉でダシをとりましたが、牛肉でもけっこうです。

作り方

1　ナベを中火にかけ、ゴマ油を茶サジ2杯いれ、熱くなったら、2㌢位にコロッと切ったトリ肉を入れ、コショーをひとふりして炒めます。

2　肉の色が変わったら、水をカップ5杯加え、アクをとりながら5、6分煮ます。

3　わかめを1㌢位に切って、トリのスープに加えます。ここに塩茶サジ1杯、しょう油茶サジ1/2杯、コショーを二、三ふりして、火を細めてさらに5、6分煮ます。

器に盛ってから、小口切りのあさつきか、ネギの細切りを飾ります。

スープわんたん

これはスープが身上ですから、トリガラでとることが、おいしく仕上げるコツです。
わんたんの皮は市販のものを使いますが、ぎょうざやシュウマイの皮でもけっこうです。
できたてのあつあつをすぐいただくこと。時間がたつと皮がのびてしまいます。

材料（５人前）

わんたんの皮	２袋（約50枚）
豚のひき肉	150ｇ
ねぎ	½本
しょうが	親指大１コ
トリガラスープ	カップ８杯
細ねぎ、日本酒、ゴマ油	
トリガラスープ用	
トリガラ	３羽分
ねぎ（青いところでも）	½本
しょうが	親指大１コ

（スープのとり方は74頁）

１人前　245kcal

作り方

1　具を作ります。

ネギの白いところを粗めのミジン切りに、しょうがは細かいミジン切りにして、スープの分と具の分を、それぞれ大サジ1杯くらいずつ用意します。

ボールにひき肉を入れ、そこにしょう油大サジ1杯弱、塩茶サジすり切り1/3杯、ゴマ油茶サジ1杯、日本酒茶サジ1杯を入れて、よくまぜ合せてから、きざんでおいたネギとしょうがを加えて、すっかりまぜ合せます。

2　皮につつみます。

皮の角に近いところに、具を小指のさきくらいのせて、これを対角線の方向に、くるくると3回ほど巻きます。

三角の端が出た方が手前になるように持って、具のフチに水を少しつけ、両側をよせて、ちょっと重ねてしっかりくっつけると、両端が耳のように開いた形になります。この分量の具で50個はできます。

3　トリガラのスープ(とり方74頁)を、1人前カップ1杯半の見当で、5人分で、カップ8杯用意します。

中華ナベに油を大サジ1/2杯とって、スープ用にとりわけたミジンのしょうがとネギをサッと炒めてスープを入れ、塩茶サジすり切り2杯、日本酒大サジ1杯、しょう油大サジ1杯で味をととのえます。これを弱火にかけて、沸騰させない程度に熱くしておきます。

4　一方で、別の大きなナベに湯を沸かして、わんたんをゆでます。この分量だと三回ほどに分けます。煮立った湯の中にわんたんを入れると、1分ちょっとで、皮がすき通って浮き上がってきますから、アミ杓子ですくい上げて器にとります。

すぐに、熱いスープをそそぎ、きざんだ細ネギを好みにふっていただきます。

わんたんは、たべる人が食卓についてからゆでるくらいにします。

1

2

3

4

三つのスープ

にんじん・かぼちゃ・じゃがいもの、色のきれいな、小さい人にもお年寄りにも喜ばれるスープです。温かいままでも、冷たくしてもけっこうです。ミキサーがあれば、簡単ですが、ないときは、ストレイナーなどでこしても大丈夫。もちろん裏ごしでも。
浮き身には、クルトンの他に、くだいたクラッカーなどもいいし、あれば、生クリームを入れるとコクがでます。
グリンピースやカリフラワーでも、同じようにおいしいスープができます。

かぼちゃのスープ

材料（4、5人前）

かぼちゃ	大¼コ（500ｇ）
玉ねぎ	½コ
固形スープ	2コ
牛乳	カップ2杯
バタ	

1人前　125kcal

作り方

1　かぼちゃは皮と種をとり、4、5ミリの厚さに小さく、玉ねぎはうすく切ります。
　深めのナベにバタを大サジ1杯とって、まず玉ねぎを炒め、しんなりしたら、かぼちゃを加えてサッと炒めます。

2　ここへ、固形スープと水をカップ4杯入れて、かぼちゃがくずれるくらいまで煮ます。

3　少し冷めたら、何回かに分けて、ミキサーにかけます。
　全部かけたら、ナベに戻して火にかけ、牛乳を加えます。味をみて、足りなかったら塩をたし、コショーをふって味をととのえます。ひと煮立ちさせ、火を止めます。

にんじんスープ

●トロミづけにごはんを入れる

材料（4、5人前）	
にんじん	3、4本（500ｇ）
玉ねぎ	½コ（100ｇ）
固形スープ	2コ
牛乳	カップ3杯
ごはん	大サジ2杯
バタ	
クルトン用の食パン	1枚

1人前　185kcal

作り方

1　玉ねぎはセンイに直角に、うすく切ります。にんじんは皮をむき、タテ半分に切り、端からうすく切ります。

2　深めのナベにバタを大サジ1杯とって、玉ねぎとにんじんを入れてよく炒め、水をカップ3杯入れます。ここへ、固形スープを2コ入れます。アクがでたら、すくいとり、トロミ用にごはんを大サジ2杯入れて、にんじんがやわらかくなるまで、30～40分煮ます。

3　少し冷ましてから、2、3回にわけてミキサーにかけます。入れ過ぎると噴き出して危険です。

4　全部かけたらナベにとり、牛乳を少しずつ入れて、ひと煮立ちさせ、味をみて、塩加減します。

冷たくするときは、冷めてから冷蔵庫に入れて冷やします。

浮き身のクルトンは、食パンを小さな角に切って、バタをとかしたフライパンにころがして、カリカリに炒り、色をつけます。

ビシソワーズ

作り方

1　ネギは青い葉はのぞいてタテ二つ割りにして、小口からうすくきざみ、玉ねぎは二つか三つに切って、端からうす切りに、じゃがいもは皮をむいて、四つに割り、うす切りにします。

2　深いナベにバタを大サジ1杯とって、ネギと玉ねぎを色がつかないように、じっくり炒めます。

玉ねぎがしんなりしてきたら、じゃがいもを入れ、サッと炒めます。水かお湯をカップ4杯と固形スープ2コを入れ、はじめは強火で、煮立ったら弱火に落として、じゃがいもがやわらかくなるまで煮ます。だいたい15分くらいです。

3　少し冷めたら、何回かにわけてミキサーにかけます。

全部かけたら、ナベに戻して火にかけ、牛乳カップ2杯を入れ、味をみて、足りなかったら塩を入れます。

あら熱がとれたら、冷蔵庫に入れてよく冷やします。器に盛り、ミジンのパセリを散らします。

材料（4、5人前）	
じゃがいも	4コ（500ｇ）
玉ねぎ	中½コ
ねぎ	太めのもの1本
牛乳	カップ2杯
固形スープ	2コ
バタ、パセリ	

1人前　155kcal

かきのチャウダー

たくさん実の入ったアメリカ風のスープ。あさりのチャウダーも作り方は同じです。

材料（3、4人前）

カキのむき身	小粒カップ1杯
ベーコン	4枚
じゃがいも	1コ
玉ねぎ	½コ
チキンの固形スープ	2コ
牛乳	カップ2杯
生クリーム	カップ1杯
バタ	少々
タイムまたはナツメグの粉	

1人前　325kcal

作り方

1　カキはうすい塩水で洗って、小ナべにとり、水カップ1杯加えて弱火にかけ、身をつぶさないように、底にくっつかないように、しゃもじでころがしながら煮ます。湯が煮立つちょっと前、身がまるくふくれて、ミミがチリチリとちぢんできたら火を止め、ナベの中で、カキを一つずつふり洗いして、別の器にとります。

　汁は、少しおいて、モロモロを沈めてから、上澄みをフキンでこします。

2　ベーコンはタテ二つに切ってから8ミリ位に、玉ねぎとじゃがいもは、1センチ角ぐらいに切り、じゃがいもは水につけておきます。

3　ナベにバタを大サジ1杯とかし、ベーコンと玉ねぎを入れて、中火で色のつかない程度に炒めます。玉ねぎに火が通ったら、カキのゆで汁と水を合せてカップ2杯を入れ、じゃがいもの水気をきって入れ、中火で煮ます。

4　15分ほど煮て、じゃがいもがやわらかくなったら、固形スープ2コを入れ、あたためた牛乳と生クリームを加え、タイムかナツメグをほんの少しふり入れます。

　煮立ったらカキを入れ、味をみて塩を足し、かたくならないうちに、火を止めます。

かぼちゃのそぼろ煮こみスープ

やわらかく煮えたかぼちゃがおいしい、甘みのあるスープです。ナベ一つで手軽にできます。

作り方

1　かぼちゃは一口大、玉ねぎ、にんじんはそれぞれ1センチ角に切ります。ベーコンは5ミリ幅に切ってフライパンにとり、弱火でじっくりと脂を出し、カリカリに焼いて脂をきっておきます。

2　ナベにバタ大サジ2杯をとかし、玉ねぎをよく炒めます。ひき肉を加え、そぼろ状になったら、塩茶サジ1杯、コショーを加えて、にんじんとかぼちゃを入れて炒めます。油がまわったらブイヨンを加え、月桂樹の葉といっしょに、20分ぐらい煮込みます。

3　かぼちゃが煮えてきたら、牛乳を加えてひと煮立ちさせ、火を止めて生クリームを落とします。器に盛り、上にベーコンを散らします。

材料（4人前）

かぼちゃ	中¼コ
玉ねぎ	1コ
にんじん	1本
トリひき肉	150g
ベーコン	2、3枚
チキンブイヨン	カップ3杯
牛乳	カップ¾杯
生クリーム	カップ¼杯
月桂樹の葉	1枚
バタ	

1人前　330kcal

とりのホワイトシチュウ

とりと野菜を煮込んだところに、バタと小麦粉をねり合わせたブールマニエでトロミをつけます。簡単ですが、おいしい料理です。

1

2

スープ・汁・鍋もの

材料（3、4人前）

トリのもも肉	2枚
じゃがいも	2コ
にんじん	1本
セロリ	1本
玉ねぎ	1コ
グリンピース	少々
固形スープ	2コ
牛乳	カップ¼杯
ブールマニエ用	
バタ	10g
小麦粉	10g

1人前　400kcal

作り方

1　トリ肉は1枚を六つぐらいに食べやすく切り、じゃがいも、にんじん、セロリは親指ぐらいの大きさ、玉ねぎは、1.5ｾﾝﾁくらいの幅に切ります。

2　厚手のナベに、水をカップ4杯とり、トリを入れて火にかけます。煮立ってきたら、火を弱め、アクをとります。浮いたアブラはあったほうが野菜がよく煮えるので、とりません。

そこに、にんじん、玉ねぎ、セロリを入れて、塩一つまみと固形スープ2コを砕いて入れ、にんじんがやわらかくなったら、じゃがいもを入れます。

バタをやわらかくして、小麦粉と練ってブールマニエを作ります。

じゃがいもがやわらかく煮えたら、このブールマニエをナベのスープでといて入れ、全体にトロミをつけます。

最後に牛乳を入れ、味をみて、塩加減をします。

グリンピースをゆでて、青みに散らします。

かぶとミートボールのスープ煮

かぶを、炒めたベーコンと、玉ねぎ、長ねぎといっしょに、スープでやわらかく煮てから、ひき肉のだんごを加えて煮ます。
かぶをゆっくり煮て、味をしませてから、肉だんごを入れるので、おいしく出来ます。

材料（4人前）

かぶ	150gぐらいのもの6コ
玉ねぎ	1コ
ねぎ太め（白い部分）	1本
豚ひき肉	300g
ベーコン	4、5枚（50g）
玉子	小1コ
固形スープ	4コ
バタ、パセリ	
あれば粒コショー	

1人前　350kcal

作り方

1　豚ひき肉をボールにとり、塩茶サジすり切り1/2杯とコショー、玉子を加えて、よくまぜます。

　水カップ6杯に、固形スープ4コをきざんで煮とかしてから、2/3ほどを別のナベにとって、火にかけます。

　煮立ったら、ひき肉を茶サジですくい、左の手のひらも使って楕円のボール型にまとめ、5、6コずつ落として、浮いてきたら引き上げます。煮汁はこして、きれいにします。

2　かぶは天地を少し切り落として、皮をむき、四つ割りにして、とがったところを面取りします。

　玉ねぎはタテ半分にして、薄切りにします。ネギは5センチ長さに切って四つ割り、ベーコンは4、5ミリ幅に切ります。パセリはミジンにきざみます。

3　深めの炒めナベにバタ大サジ1杯をとかして、ベーコンを炒め、脂が出たら、玉ねぎとネギを入れて、しんなりするまで炒め、一度、別の器にとります。

　このナベに、かぶを重ならないように並べ、炒めたネギをのせます。

　残りのスープと、こした煮汁を合わせ、カップ5杯に足りなかったら、水を足して、ナベに入れます。

　ワックスペーパーで紙のフタを作り（作り方は98頁）、かぶの上にぴったりとかぶせ、ナベのフタをして火にかけます。

　煮立ったら弱火にして、かぶがすき通って、やわらかくなるまで、10分ぐらい煮ます。

4　ここへひき肉のボールを加え、あれば粒コショーを挽き入れ、ひと煮立ちしたら、味をみて、うすかったら塩を足し、最後にパセリを散らします。

すごく辛いチキンカレー

14種類の香辛料をとり合わせて作る本格的なカレーです。玉ねぎを炒めはじめると、手がはなせなくなりますから、一番はじめに香辛料を用意しておきます。多めに作って、二、三日ねかせたほうが味がなれておいしくなります。冷凍もできます。

用意する香辛料（右上から下に）

月桂樹の葉	5枚
クローブ	10粒
スターアニス（八角）	1コ
クミンシード	茶サジ2杯
カルダモン（皮をむき、中の黒い実をきざむ）	10粒
コリアンダー	大サジ1杯
黒コショー	10粒
ここから粉のもの	
カイエンヌ	大サジ2杯
ナツメグ	茶サジ1杯
チリパウダー	大サジ2杯
キャラウエイ	茶サジ½杯
ターメリック	茶サジ2杯
オールスパイス	茶サジ1杯
シナモン	茶サジ1杯

＊粒の香辛料が揃わないときは、粉のものでもけっこうです。辛みはカイエンヌで加減します。

・粉の香辛料　・粒の香辛料

材料（10人前）

トリ肉（皮つきのモモか胸）	1kg
玉ねぎ	中4コ
にんじん	中1本
りんご	½コ
しょうが	親指大1コ
ニンニク	2、3片（40g）
牛乳	カップ1杯
トマトケチャップ	カップ½杯
固形スープ	8コ
バタ	100g
トリにまぶすターメリック	大サジ1杯

ソースのみ　1人前　370kcal

作り方

1　トリを4、5㌢のブツ切りにして、ボールにとり、ターメリック大サジ1杯と塩茶サジ1杯をふり、全体によくまぶし、そのままおいておきます。

2　玉ねぎは二つに割って、できるだけうすく切ります。にんじん、リンゴ、しょうが、ニンニクはおろします。

3　厚手のシチュウナベにバタをとかし、玉ねぎを炒めていきます。はじめは強火で、しんなりしてきたら、中火にして、つぶすような気持で炒めます。15分ほどして、玉ねぎがペッタリとなったら、おろしておいたニンニクとしょうがを入れます。

4　焦げつきやすくなるので、火を弱め、ナベ底をこそげるようにして炒めます。1時間もすると玉ねぎがキツネ色になってきますから、粒の香辛料を入れます。

5　5分ほど炒めてから、粉の香辛料を全部入れ、また5分ほど炒めます。そこへ、おろしたリンゴとにんじんを入れ、ちょっと火を強めて炒めます。水気がひいたら、また火を弱くして炒めてゆきます。

6　水気がほとんどなくなって、ちょうどお味噌のように、コッテリとこげ茶色になってきたら、ケチャップと牛乳をいれます。

7　つづいてお湯をカップ10杯入れて火を強め、固形スープとターメリックをまぶしておいたトリを入れます。

8　トリが入るとまもなく、表面にアクが浮いてきます。ていねいにすくいながら、15分程煮ます。火は弱めがけっこうです。トリに火が入ったら、でき上がりです。

　一晩はそのままねかせますが、冷蔵庫へは入れません。朝と晩の二回、火入れをします。

春雨入り湯どうふ

はるさめにタレがしみこみ、それがとうふにからむので、いつもとちがった口当りの湯どうふです。

材料（3、4人前）

とうふ	2丁
はるさめ	50g
だし昆布	40cm
タレ	
日本酒	大サジ2杯
しょう油	大サジ6杯
レモンかゆず	

1人前　130kcal

●薬味は、さらしねぎ、もみのり、しょうが、わさびなど

作り方

1　はるさめは、ちょっと熱いなと感じるくらいのお湯につけて、もどしておきます。だいたい10分ぐらいかかります。やわらかくなったら引き上げて、長いのは庖丁を入れて、ザルにとっておきます。

2　土鍋か厚手のナベに、昆布を底いっぱいにしき、水をはって火にかけます。沸いてきたら、とうふを3㌢角くらいの大きめのやっこに切って、くずさないように、そっとすべりこませます。

　とうふが熱くなり、火が通ってくると浮いてきますから、ここへはるさめを入れます。早くから入れると、煮えすぎてとけそうになり、箸にかからなくなってしまいます。はるさめは、すき通ってきて、口に入れて、まだプリプリとしているくらいが食べ加減です。

　タレをつけていただきます。

　タレは、しょう油3、日本酒1の割合です。まず、日本酒を煮切り（煮切り方は98頁）、しょう油を入れて、かるく沸かします。冷めたら、レモンかゆずをしぼります。もちろんポン酢でもけっこうです。

とりの治部煮

トリと焼きどうふと水菜の鍋です。トリ肉はたっぷり片栗粉をまぶしますから、口当りがとてもよくなります。煮上りに散らす針しょうがで、一段と味がひきしまります。水菜のほかに、ほうれん草やせりなどでも。

材料（3、4人前）

トリのもも肉	300ｇ
焼きどうふ	1丁
水菜	1束
しょうが	親指大1コ
昆布とかつおのダシ	
片栗粉、みりん、日本酒	

1人前　305kcal

●湯に入れてクズをつける

●片栗粉をしっかりつける

作り方

1　トリ肉は、うすくへぎ、皮やスジのあるところは切れ目を入れ、食べやすい大きさに切ります。

肉をひろげ、薄塩をして、上から片栗粉をたっぷりふりかけ、全体にまぶるように、手のひらで押さえます。

焼きどうふは一口大に切っておきます。水菜は4、5㌢に切ります。ほうれん草だったら、サッと下ゆでして使います。しょうがはうすく切ってから針のようにきざみます（針しょうがの作り方は47頁）。

2　ナベに湯を煮立たせて、トリ肉を入れます。片栗粉がすき通ってきたら、湯をすてて、水をかけます。肉にうすいクズの皮がつきます。

3　ダシは、みりん大サジ2杯と日本酒を大サジ3杯ナベにとり、煮切ります。この中にかつおぶしと昆布の濃いダシ（とり方は28頁）カップ3杯を入れ、つぎに、砂糖茶サジ山2杯、しょう油大サジ1杯半、塩茶サジ1杯を入れて、中火にかけます。

煮立ちそうになったらトリを入れ、トリに火が通ったら、焼きどうふと水菜を入れて、上から針しょうがを散らします。水菜は煮すぎないように。

土鍋を使うときは、ダシは別のナベで作ります。

とり鍋

トリガラのスープでトリを煮る、ほんとうにおいしい鍋。ポン酢でいただきます。

材料（3人前）

トリ骨つきもも肉	450ｇ
生椎茸	3コ
白菜	3枚
ねぎ	1本
春菊	少々
とうふ	1丁
トリガラスープ	カップ7杯
日本酒	

1人前　355kcal

作り方

1　トリはたべやすい大きさに切ります。ナベにトリガラのスープをカップ7杯とって火にかけ、トリ肉を入れます。アクをとりながら、煮立ってきたら中火にして、5分ほど煮ます。日本酒カップ1/2杯、塩茶サジ1杯で味をつけ、さらに、20分ほど煮ます。

2　椎茸は洗って石づきをとります。白菜とネギは3センチくらいに切り、春菊は洗っておきます。とうふは六つに切っておきます。

3　トリがやわらかくなったら、白菜と椎茸、とうふ、ネギを入れ、最後に春菊を入れて火を止めます。

＊トリガラスープは、トリのガラ2羽分とダシ昆布20センチを、カップ15杯の水で、1時間半ほど時間をかけてゆっくり煮出し、こして使います。

　時間がないときは、液体の濃縮スープや即席のガラスープなどで代用してもけっこうですが、市販のスープは塩気がありますから、その分、塩はひかえます（写真は1人前）。

入れるものは何でも。それぞれの材料から出るおいしさが渾然一体となる、それが寄せ鍋ならではの味です。これもポン酢などで。

寄せ鍋

材料（3人前）

トリのもも肉	150ｇ
蛤	3コ
車エビ	中3尾
イカの身	½杯
ホタテの貝柱	3コ
ブリ	1切れ
タラ	1切れ
青梗菜	3株
昆布とかつおのダシ	カップ6杯
みりん	

1人前　370kcal

作り方

1　トリは、一口ぐらいの大きさに切り、塩を落としたお湯にサッとくぐらせます。

蛤はよく洗い、エビは胴の部分だけカラをむいて背ワタをとります。

イカは皮をむき、斜めに細かく庖丁を入れて短冊に切ります。ホタテ、ブリ、タラもたべやすいように切り、どれもサッと湯通しして、霜降りにします。青梗菜は洗って適当に庖丁を入れておきます。

2　ナベにみりん大サジ3杯ほどを煮切って、(98頁) ダシをカップ6杯入れ、しょう油大サジ1杯、塩茶サジすり切り1杯を入れます。

土鍋に、このダシを張ってトリを入れ、つづいて魚、貝類を入れます。どれも煮すぎないように気をつけ、青梗菜を入れて火を止めます。

＊ダシは、昆布とかつおぶしでとります。ナベに水をカップ13杯とって、ダシ昆布30センチ位を入れて火にかけます。煮立つ直前に昆布を引き上げ、煮立ったら、かつおぶし30グラムを入れ、火を弱めて20分ほど煮出してこします (写真は1人前)。

キムチ鍋

白菜のキムチをそのまま使う、からだが芯からあたたまる鍋です。カキの味がおつゆをいっそうおいしくしてくれます。
キムチはなるべく新しいものを使います。

材料（4、5人前）	
白菜のキムチ	300g
豚ロース薄切り	300g
生カキ	1パック
木綿どうふ	1丁
ニラ	2束
えのき茸	200g
昆布	15㎝
日本酒、みりん、味噌	

1人前　340kcal

作り方

1　ナベに水カップ8杯と、昆布を入れて火にかけます。

2　その間に材料を用意します。
　キムチは汁ごと使いますが、白菜が大きかったら取り出して、4、5㌢に切っておきます。豚肉もたべやすい大きさに切り、えのき茸は根元を落として、適当にほぐします。とうふは大きめにそぎ切り、ニラは5㌢ほどのザク切りにします。

3　ナベが煮立ったら昆布を引き上げ、キムチ、豚肉、えのき茸を入れ、日本酒大サジ3杯、みりん大サジ3杯、しょう油大サジ3杯、味噌大サジ1杯で味をつけ、とうふとニラを入れます。
　煮立つ寸前にカキを入れ、火を止めます。

扁炉（ピェンロー）

妹尾河童さんご推奨の中国風の白菜鍋です。扁とは「素朴な」という意味だそうで、ナベの中では一切味はつけず、たべる人が、それぞれ塩と唐辛子でつけ汁を作って、いただきます。白菜が信じられないほどおいしいナベです。

材料（5人前）	
白菜	½株
干し椎茸	小15コ
豚バラ肉	300ｇ
トリもも肉	300ｇ
緑豆春雨	100ｇ
ゴマ油、粗塩、一味唐辛子	

1人前　490kcal

作り方

1　干し椎茸をやわらかくもどして軸をとっておきます。緑豆春雨を水につけておきます。白菜は5センチ幅にそぎ切りして、白い部分と葉を分けておきます。豚バラ肉、トリのもも肉は食べやすい大きさにブツ切りにします。

2　大きいナベに白菜の白い部分を入れて、椎茸をもどした汁もいっしょに、たっぷりの水（カップ5杯ぐらい）を注いで火にかけます。

煮立ってきたら、豚肉、トリ肉、椎茸を全部入れ、ゴマ油を大サジ2杯ほどたらして、残しておいた白菜の葉を入れ、フタをして白菜がクタクタになるまで40分間ほど煮ます。土鍋で卓上に出すときは、ここまでをふつうのナベでやって、土鍋に移すといいでしょう。

3　最後に緑豆春雨を入れて卓上へ運びます。緑豆春雨は煮すぎないようにします。食べる直前に、またゴマ油を茶サジ2杯たらします。

食べる人は、自分の器に粗塩と一味唐辛子を入れ、ナベの汁を少しすくってとかし、つけ汁を作ります。白菜や肉をつけて食べるので、食べているうちに味がうすまってきます。塩味は少し濃いめにして、うすくなったら、塩と一味唐辛子を追加します。

ポトフ

石井好子さんが自宅にお友達を招くときのメニューのひとつです。牛のスネ肉と大ぶりに切った野菜の洋風煮込み料理です。油をつかっていませんから、案外あっさりしています。いただくときは、スープはそのままで、肉や野菜は好みで辛子じょう油でも。

材料（10人前）

牛のスネ肉か外モモ肉	約1kg
キャベツ	1コ
にんじん	3、4本
玉ねぎ	2、3コ
セロリ	2本
しめじ	2パック

1人前　220kcal

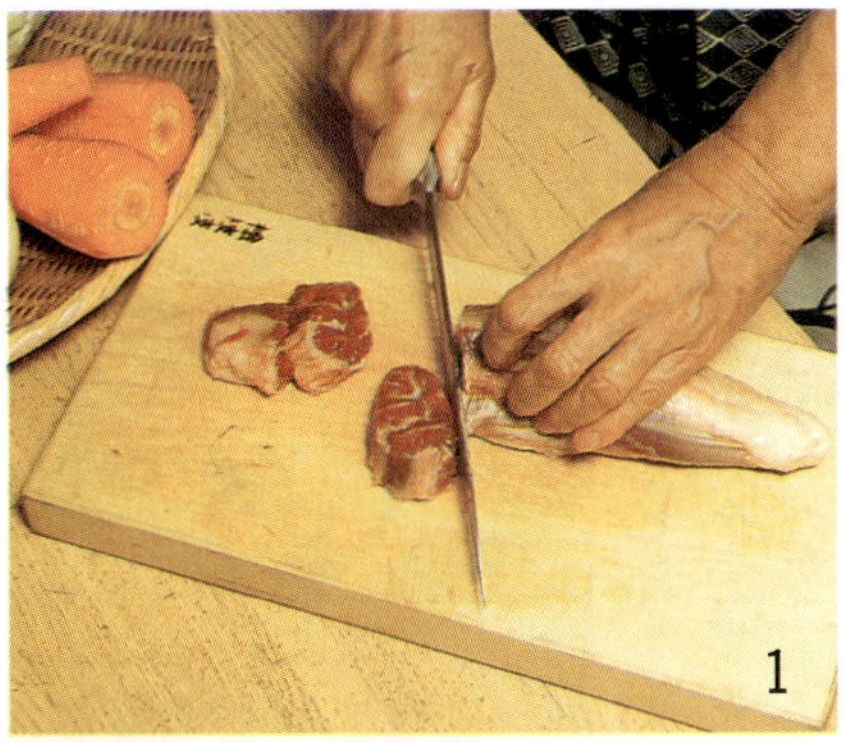
1

2

3

4

作り方

1　肉を3チセン位の筒切りにし、塩をふって両手でよくすりこむようにもんで、下味をつけます。

　お湯をわかし、塩でもんだ肉を入れ、表面が白くなり、再びお湯がグラッときたらザルに上げます。

2　大きなナベに肉を入れ、ヒタヒタより少し多めに水を張って、セロリの葉をのせ、あればかくし味ていどに即席のトリガラスープを入れて、40～50分煮込みます。

3　この間に野菜を切ります。にんじんは大ぶりの乱切りに、キャベツは芯を中心に六つ割りくらいに、玉ねぎは四つ割りに、セロリは皮をむいて7、8チセンに切ります。しめじは根を落しておきます。

4　セロリの葉をとり出して、にんじんを入れ、水をヒタヒタくらいまで加えて、1時間ほど煮て、キャベツ、セロリ、玉ねぎを入れます。水の量はいつも材料がかぶるように、足していきます。味をみて、塩を加えます。キャベツやセロリを30分煮込んだらしめじを入れ、あと40分くらい煮ます。

　煮上ったら味をたしかめて、土鍋に移し、もう一度煮立てて、テーブルに運びます。

庖丁の研ぎ方

よく切れる庖丁は、たべものの形がくずれないから、味がかわらず、第一、使っていて気持ちのいいものです。

切れ味がいちばんわかるのは、トマトを皮ごと切るときで、スパッと切れなくなったら、庖丁の研ぎどきです。

砥石をひとつ用意して、自分で研いでみてください。コツさえ覚えてしまえば、意外にやさしく、だれでも研ぐことができます。

砥石には、荒砥《あらと》と中砥《なかと》、それに仕上げ砥がありますが、家庭の庖丁なら、合成砥石の１０００番（中砥）を一つ用意しておけば、間に合います。写真のような木製の台がついているものが安定がよく使いやすいのです。台付き中砥で２０００円～３０００円くらい。刃物屋さんやホームセンターなどにあります。

家庭用の片刃の洋庖丁を、１０００番の台付き合成中砥で研いでみました。

研ぎ方

1 砥石を水につけます。砥石からブクブク泡が出なくなるまで、5分くらいつけておきます。

この間に庖丁の汚れをクレンザーなどで、よく洗い落とします。砥石にたっぷり水がしみこんだら、すべらないように、ぬれ雑巾の上におきます。

2 まず、庖丁を手に持って右側の面、庖丁の外側を研ぎます。その面を下にして、砥石の上に、刃を手前にして、45度くらいの角度で斜めにおきます。

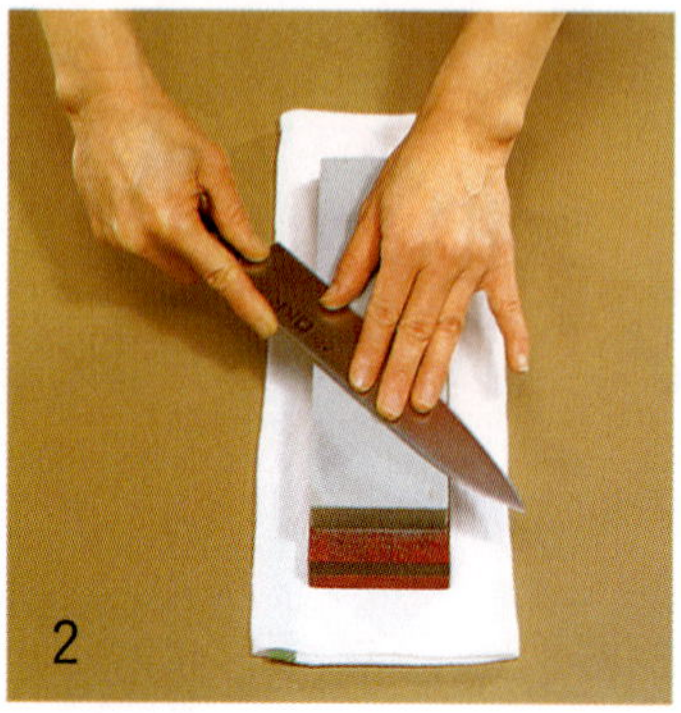
2

刃の方をピッタリ砥石につけて、ミネの方を小指の先が入るくらい、5、6ミリ浮かせます。右手でしっかり柄を握り、左手で写真のように庖丁のハラのところを支えます。

このかたちで、刃の角度をかえずに、押し、引きを20～30回くり返します。砥石から次第に灰色の研ぎ汁がでますが、これは研磨剤の役目をしますから、洗い流しません。

位置をずらして全体を研ぎます。

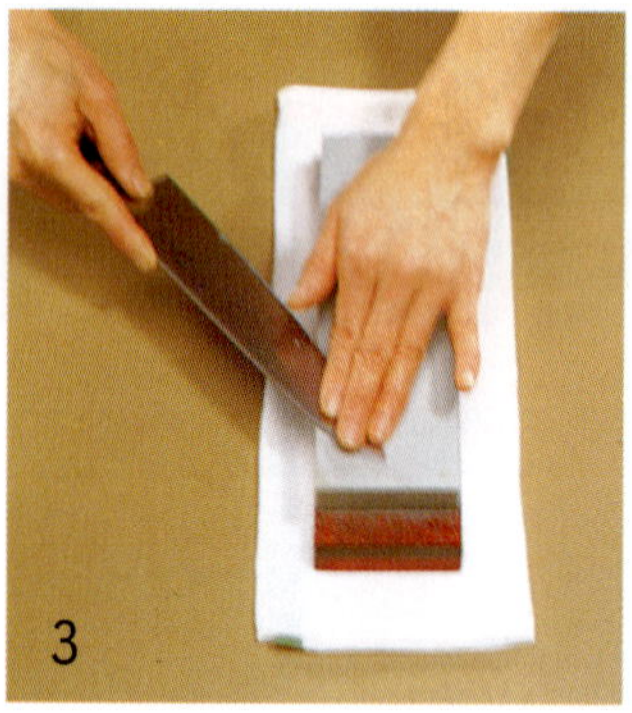
3

3 つづいて刃先を研ぎます。砥石に刃先だけをあて、上から押さえます。柄の方は持ち上げ気味にして、刃先で「し」の字を描くように手前にシューッと引きます。6、7回くり返します。

4 親指のハラで刃の内側をさわり、全体に刃先までザラザラしたとぎ返りが指にひっかかれば、研げています。

5 内側を研ぎます。

こんどはミネを手前にして構えます。やはり、ミネの方を浮かしますが、外側のときより少し寝かせて、浮かせを3、4ミリくらいにして、20～30回、押し引きをくり返します。ここで両側から刃をさわってみて、研ぎ返りが出ていれば、軽く研いでとります。内側の刃先も、「し」の字を描くように研ぎます。

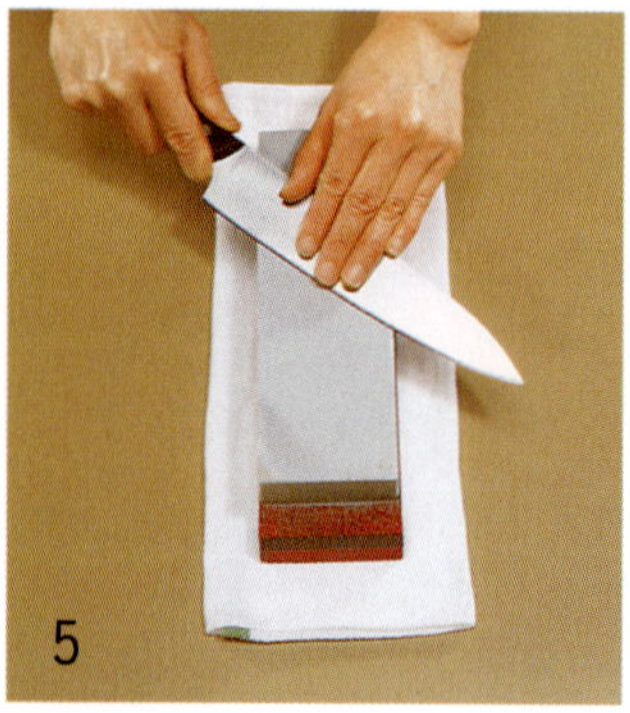
5

6 刃にペラペラした余分な研ぎカスがついていますから、マナ板の角に刃を水平にあてて、手前から刃先に向ってかるくスーッと引いて、カスをとります。

これで研ぎ上がりです。庖丁をよく洗い、乾いたフキンでしっかり水気をとります。

研ぎあがった庖丁を光にかざして、刃のフチに１ミリくらいの白い線が、同じ幅で通っていれば上等です。

＊長年砥石を使っていると、だんだん表面がへこんできます。平らにするために、砥石をとぐ砥石「水平くん」（１２００円　木屋）もありますが、いちばんカンタンなのは、コンクリートの上でこすって、平らにする方法です。

＊左利き用の片刃の場合は、庖丁を持って左側に刃の角度がついていますから、研ぐときの刃の向きが逆になります。

漬けもの

浅漬け

即席漬け器や食品用のポリエチレンの袋を使って、簡単にできる浅漬けです。

どんな野菜も、まず塩漬け(下漬け)が基本。野菜の重さの3%の塩と、3%の塩水がポイントです。

野菜からアクが出ますから、必ず流水で、アクと余分な塩を洗い流します。

このまま食べてもおいしいのですが、こうじ漬けやしょう油漬けもいいし、いっしょに昆布やみりんを加えても、味がよくなります。

きゅうり

一年中あるきゅうりの浅漬け3種、覚えておくと重宝です。

きゅうりの塩漬けは、塩にまぶして置くだけです。

■塩漬け

作り方

1　きゅうりをよく洗い、両端を落とします。

2　両端に塩をつけ、残りの塩を一本ずつ、ていねいにまぶしつけます。これをまな板に並べ、ゴロゴロ転がして、板ずりします。

　このままバットにとり、45分くらい置きます。

3　きゅうりについた塩を、流水でよく洗い流します。これでアクと余分な塩分がなくなり、きゅうりの塩漬けが出来上がります。このまま食べられますが、15分ほど酢水（酢と水が1対3の割合）につけると日保ちします。

　酢水を洗い流して、ポリ袋に入れて、冷蔵庫で保存します。

材料

きゅうり	5本（500g）
塩	15g

しょう油漬け（乱切り）と
こうじ漬け

塩漬けしたきゅうりを使って、こうじ漬けやしょうゆ漬けはポリ袋で作ることができます。
こうじ漬けはほんのり甘く、コクがあります。
しょう油漬けは、しょう油の香りが楽しめます。

■こうじ漬け

作り方

1　下漬けしたきゅうりを、流水でよく洗い流し、ポリ袋に入れ、分量の調味料を入れてまぶします。

　こうじの量は、好みで加減します。グラニュー糖を入れると、隠し味にもなります。なければ、上白糖で大丈夫です。

2　袋をとじ、中の空気をしっかり抜いて、口を輪ゴムでとめます。

　冷蔵庫で一晩おくと食べられます。こうじが入っているので、二、三日はおいしくいただけます。

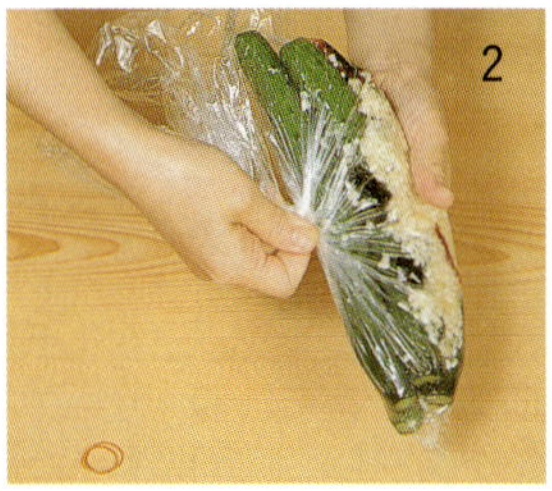

材料

塩漬けしたきゅうり	5本
こうじ	一握り
みりん	大サジ1杯
グラニュー糖	大サジ1杯
昆布	適量
赤唐辛子	〃

■しょうゆ漬け

作り方

　ポリ袋に塩漬けのきゅうりを入れ、調味液と昆布、赤唐辛子を加えます。調味液に市販のめんつゆなどを利用してもいいでしょう。

　ほんの少し酢を入れることで、野菜の黒ずみを防ぎます。

　空気を抜いて、口をとじ、冷蔵庫で一晩漬け込みます。

材料

塩漬けしたきゅうり	5本
しょう油	大サジ1杯
みりん	大サジ2杯
リンゴ酢	小サジ1杯
昆布	適量
赤唐辛子	〃

小松菜

菜類の漬けものも家で楽しめます。手に入りやすい小松菜を使いました。この他、野沢菜や高菜はもちろん、白菜、キャベツ、水菜、京菜、壬生菜、チンゲン菜、菜の花などにも応用できます。しっかりアク抜きをするのがコツです。

材料

小松菜	2束（700g）
塩	21g
塩水用の塩	30g
（好みで）	
みりん	大サジ2杯
昆布	適量
赤唐辛子	〃
こうじ	〃

作り方

1　水1リットルに塩約30gの塩水を作り、容器の$\frac{1}{3}$ほど入れます。

小松菜をよく洗い、塩水の中に並べます。塩水に浸らないところに、塩をふりかけ、塩と小松菜を交互に重ねていきます。

小松菜と同じくらいの軽い重しをして、冷蔵庫で一晩、下漬けします。

2　水が上がったら、まな板の上で一つかみずつ、洗濯をするようにもみます。黒い汁が出て、菜の色が鮮やかな濃い緑に変わります。

これがアクですから、よくしぼります。

3　充分もんでしぼったら、流水でていねいに洗い流します。このまましぼって食べてもいいし、ポリ袋に入れ、みりん大サジ2杯、昆布、赤唐辛子を入れます。好みでこうじを加えてもいいでしょう。

大根漬け二種

べったら漬けにグラニュー糖が入るところが違いますが、下漬けの仕方はどちらも同じです。

大根は漬かりにくいので、漬ける塩水を濃くします。

大根は1本、1キロくらいの大きさです。

さっぱり漬け

べったら漬け

作り方

1　まず下漬けをします。べったら漬けは皮をむき、さっぱり漬けは皮付きのままで、大根を容器に入るように切り、二つ割りか四つ割りにします。
　大根にたっぷりの塩（30グラムくらい）をまぶします。

2　容器の$\frac{1}{3}$くらいまで、1リットルに80グラムの塩の塩水を入れます。大根を入れ、大根より少し重い重しをして一、二晩、漬けます。

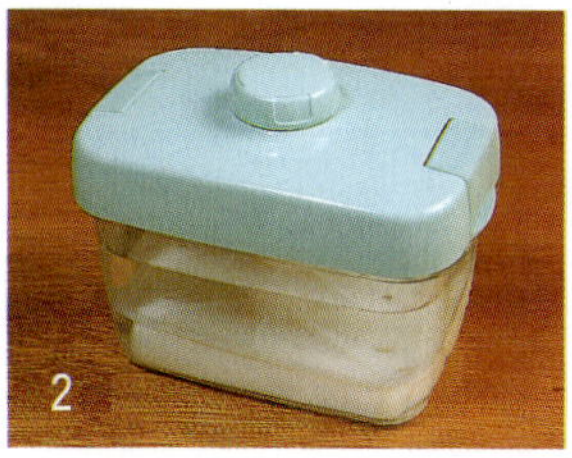

■べったら漬け

こうじとグラニュー糖をよくまぜ合わせて、下漬けして流水で洗った大根といっしょにポリ袋に入れ、共通の調味料を入れます。

　一週間ほどで食べごろになります。途中、水が出てきますが、これは捨てます。

材料

大根	1本（1kg）
塩	30g
塩水用の塩	80g
こうじ	20g
グラニュー糖	80g

■さっぱり漬け

下漬けした大根を流水で洗い、ポリ袋に入れ、こうじ、共通の調味料を入れてなじませ、袋の空気を抜いて、口をとじます。三、四日ほどで食べられます。

材料

大根	1本（1kg）
塩	30g
塩水用の塩	80g
こうじ	50g

共通の調味料

昆布	5枚
赤唐辛子	3本
みりん	大サジ2杯
酢	小サジ1杯

菜の花

この湯通しは温度を保つのに手がかかりますが、浅漬け効果は同じです。即席の浅漬けとして、他の野菜にも応用できます。

材料

菜の花	2束
塩	200g

（好みで）
ゴマ、かつお節

作り方

1　菜の花2束は、根元の固いところを落とし、傷んだ葉を除いて、よく洗います。
2　ナベに水1リットルと塩200グラムを入れ、50度に温め、菜の花を入れ、20分間、温度を保つようにします。
3　別のナベに75度のお湯を用意し、菜の花をここに移して、3分間、その温度に保ちます。
4　菜の花を氷水にとり、さっと洗って、水を切って冷蔵庫で保存します。

このままキュッとしぼって食べてもいいし、ゴマ、かつお節をかけてもおいしくいただけます。

玉ねぎ

意外性があって、しかもおいしい。春先の辛味の少ない玉ねぎを使います。漬け物容器で漬けます。

作り方

1　小さめの玉ねぎの根の方に、十文字に切れ目を入れます。大きかったら四つ割りにしてもいいでしょう。
2　大サジ1杯の塩をまぶし、塩水（水1リットルに塩30グラムの割合）に漬けて重しをして一晩おきます。
3　流水でよく洗い流したあと、酢水（酢と水が1対3）に15分漬けます。
4　これをポリ袋に上げ、しょう油、みりん、酢3、4滴、昆布、赤唐辛子を加えて本漬けし、冷蔵庫で保存します。

二、三日で食べられます。

なす

色よく仕上げるため、みょうばんを少々使います。多すぎると皮が固くなります。なすは空気にふれると色が悪くなるので、常に漬け液に浸るようにしておきます。

作り方

1　なすは、ヘタを残して軸だけ落とし、切り口に十文字の切れ目を入れます。

　塩15ｇとみょうばんをよく混ぜ、塩水でナスを湿らせてから、よくすりこみます。

2　容器にナスを入れ、リンゴ酢と1リットルに塩30グラムの割合の塩水を入れます。全体が漬かるように軽い重しをして、浮き漬けにします。

　二、三日で食べられます。

●塩をキュッキュとまぶす

材料

なす	5コ（500ｇ）
塩	15ｇ
みょうばん	小サジ半杯
塩水用の塩	30ｇ
リンゴ酢	大サジ半杯

材料

玉ねぎ	3コ（1コ150ｇ位）
塩	大サジ1杯
塩水用の塩	30ｇ
酢	
しょう油	大サジ1杯
みりん	大サジ1杯
昆布	適量
赤唐辛子	〃

白菜漬け

重石と塩の量をきちんとすれば、はじめての人でもおいしく漬かります。塩の量は白菜の重さの4％です。

一度漬けは十日ぐらいしか日保ちしませんが、二度漬けにすると、ずっと長い間おいしく食べられます。

あたたかいとすっぱくなりやすいので、なるべく寒いところにおきます。量が多かったら、半分の量で漬けてみてください。

作り方

1　白菜は外側の葉をとって、きれいにします。この葉はあとで使いますから、とっておきます。根元の方から庖丁をいれて四つに、大きいようなら六つに割ります。

2　水で洗い、ふって水気を切ったらザルに並べて、半日ぐらい風通しのいいところで干します。干すと、白菜の甘味が出て、おいしく漬かります。

3　分量の塩のうち260グラムを四つに分けておきます。白菜の切り口を上にして、桶の底にその一つをふって、白菜の切り口を上にして、同じ向きにビッシリとつめます。つめ終わったら、また塩をふります。

■一度漬け

●四つ割りにする

●半日、日に干す

●交互につめて塩をふる

●外葉をかけてフタをする

●目方の2倍の重石をのせる

●水が上り、カサが半分になる

■二度漬け

●とり出して、桶をきれいにする

●唐辛子と昆布を散らしてつめる

●一度漬けの半分の重石にする

材料

白菜	4株（約8kg）
塩 320g（260＋60、白菜の4％）	
赤唐辛子	5、6本
ダシ昆布	30g

用意するもの

漬物容器
（直径30センチ位のプラスチック桶）
重石　2コ（白菜の倍の重さ）
大きいビニール、中ブタ

4　二段目は白菜の上下が逆になるようにつめて、また塩をふり、三段目は直角に並べて、塩をふります。いらない葉を上にのせて、ビニールをホコリよけにかぶせます。

5　中ブタをして、白菜の重さの2倍の重石をのせます。安定が悪かったら、2、3時間おいて、カサが減ってからのせます。

6　二日ぐらいすると、水が白菜の上まで上がって、カサが半分ぐらいになります。水が上がらないようなら、べつの塩を少し足して、もう一日おいて下さい。ここまでが一度漬けです。

7　二度漬けします。白菜を軽くしぼってとりだし、ザルに並べます。桶の水を捨てて、洗って拭きます。昆布は1センチ幅に切り、唐辛子はタネをとって三つか四つにちぎります。

8　桶の底に唐辛子と昆布を少し散らし、白菜を一度漬けのときと同じように並べてつめます。一段ごとに昆布と唐辛子を散らして入れます。

9　並べ終わったら塩を60グラムふり入れます。中ブタをして、重石をのせて上ブタをします。白菜がかたくならないように、重石は今までの半分にします。四、五日すると、食べられるようになります。

らっきょう漬け

歯ごたえのある、昔ながらのらっきょうです。まず、塩で下漬けし、三、四週間後に甘酢に漬けかえ、それから三、四カ月で、食べられます。

漬ける容器はフタがしっかりできて、中が見える梅酒などを漬けるガラスの容器がおすすめです。3キロのらっきょうを漬けるなら、5リットル入りくらいのものがいいでしょう。

おいしく漬けるコツは、新鮮ないいらっきょうを買うことです。

●根を落としてきれいにする

●塩をまぶす

●水を加えて３週間おく

●ザルに上げ陰干しする

材料

らっきょう	泥つきのもの４kg （皮をむいてきれいにして約３kg）
塩	カップ１杯半
漬け汁	
酢	カップ10杯
砂糖	カップ６杯
赤唐辛子	４、５本
容器	５リットルのガラス容器

作り方

1　らっきょうを、何回も水をかえて洗います。よごれが落ちたら、ザルに上げて水を切ります。

　つぎに、一つ一つヒゲ根を落とし、外側の薄皮をむき、頭の先も切って、形をととのえます。このまま食べるので、ここですっかりきれいにします。

2　塩漬けします。容器にらっきょうと塩を少しずつ入れて、手でまぶしつけます。まざったら、またらっきょうと塩を少し、という具合に、何度かにわけて、全部まぜ合わせます。

3　ここに水をかぶるぐらいまで入れ、フタをして、そのまま三週間ぐらい、涼しいところに置きます。

　初めの数日は、塩が沈んだりしますから、日に何回か、ビンをゆすってとかします。とちゅう、アワが出てくることがありますが、かまいません。

4　三週間たったら、らっきょうを平らなザルにあけ、上からサッと水をかけ、ザルごと陰干しにして水気を切ります。干す時間は3、4時間です。じかに日に当てると日なたくさくなります。

　干している間に漬け汁を作ります。ナベに酢をカップ10杯と水カップ4杯、砂糖カップ6杯を入れて煮とかし、冷ましておきます。

　干したらっきょうは、乾いたフキンで一つずつ、水気をていねいにふきとって、容器に戻します。

5　漬け汁が冷めたら、らっきょうがかくれるぐらいたっぷりそそぎます。

6　赤唐辛子を二つか三つにちぎって、タネごと入れます。

7　フタをして、ゴミが入らないように、紙をかぶせ、ヒモでしっかりしばり、暗くて、なるべく涼しいところにおいておきます。

8　初夏に漬けて、三、四カ月、秋には食べられますが、長くおけば、それだけおいしく漬かります。といっても、一年ぐらいで食べてください。写真のものは一年おいたものです。

●漬け汁をそそぐ

●唐辛子を加える

●きっちりフタをする

●3、4ヵ月以上おく

ぬかみそ漬け

ぬか床を作るのは、5～6月、気温が24、25度の頃が、最適です。
作って二週間ぐらいは捨て漬けをくり返しますが、これは発酵をうながして、ぬか臭さをなくし、風味をよくするためです。
ぬか床ができたら、毎日こまめにかきまぜ、ときどき新しいぬかや塩を足してやります。好みの野菜を少量ずつ漬けると、季節の彩りを楽しめます。

●大根、にんじんは、皮をむいてタテに割って漬けると、早く漬かります。セロリは葉先や軸が意外においしいし、ズッキーニもわるくありません

材料

生ぬか	500ｇ
塩	125ｇ
捨て漬け用野菜	1回150ｇ位

容器
タテ30×ヨコ15、深さ10cm位のプラスチックの密閉容器

作り方

1　ナベに塩と水カップ4杯を入れ、一度煮たてて、冷ましておきます。

容器にぬかを入れ、この塩水を加えます。だまにならないように、よくかきまぜ、全体が均一にしっとりするまで、さらに、かき混ぜます。

2　キャベツの外葉や大根やかぶの葉など、洗って水気をふいた捨て漬け用の野菜を、ぬか床をからませて、容器の底の方に敷くように並べ、上にぬか床をかぶせます。

手のひらでたたいて、表面を平らにならして、まわりについたぬかも、きれいにふきとっておきます。

二日ほどしたら、捨て漬けの野菜をとり出して、ついているぬかをしごいてもどし、ぬか床を底からよくかきまぜます。これを二週間ぐらいくり返します。

3　本漬けには、きゅうり、なす、かぶ、大根はもちろん、キャベツ、にんじん、セロリ、ラディッシュ、新しょうがやみょうがもいいし、カリフラワーやブロッコリーの茎などもわるくありません。

漬けるものは水気をよくふいて、入れます。

漬けているうちに野菜から出る水気でぬか床がゆるくなります。新しいぬかを二週間に一度くらいの割で、カップ2杯（100グラム）ほど足してやります。床が多くなりすぎたら、ぬかを足す前に、古い方を少し捨てます。

野菜に塩をまぶして漬ける場合はいいのですが、床を作って一カ月ぐらいしたら、一週間に大サジ1杯ぐらい、塩も足してやります。

＊表面に白カビが出たときは、少しだったらまぜこんでしまえばいいし、たくさんだったら、表面だけすくいとります。

＊旅行などで、しばらく休みたいときは、冷蔵庫に入れておきます。続けるときは、冷蔵庫から出した日は漬かりが悪いので漬ける時間を長めにしますが、一、二日で戻ります。

＊冬、休みたいときは、ぬか床を、カメか広口びんに移し、上に2、3ミリ厚さに塩をはってフタをし、日の当たらない涼しいところにおきます。翌年、これに新しいぬかを足します。

●ぬか漬けのコツは、こまめに毎日かきまぜて続けることです

●手のニオイが気になる人は、ビニールの袋でまぜるのもテです

●漬かりすぎたものは、うすくきざんで塩抜きをし、しょうがをまぶすと、おいしく食べられます。

あとがき

この本は2001年に「暮しの手帖」の別冊として出た、「暮しの手帖の評判料理」を改めて単行本にしたものです。

別冊「暮しの手帖の評判料理」は、それまで編集部にしばしば寄せられていた、「うちの定番のおかずの中には暮しの手帖で覚えた料理がけっこうあります。我が家の味として息子や娘にもぜひ伝えたいので、そういう料理を一冊にまとめてもらえるとうれしいのですが…」という読者の声に応えて、なるべく多くの方の手に届くようにと、雑誌と同じ体裁で一冊にしたものでした。

その別冊をまとめるに当たっては、誌上で読者の方に呼びかけて「ぜひ入れてほしい料理」を書き送っていただき、編集部で選んだものと合わせて検討を重ねました。

集まったのは、20年以上も前にやったものから、わりに最近の号でやったもの、本誌だけでなく、別冊「ご馳走の手帖」、その他の別冊にのったもの、ずいぶん前に単行本になっている「おそうざい十二カ月」、「おそうざいふう外国料理」、「吉兆味ばなし」の中に出ている料理、「おそうざいふう中国料理」からと幅広く、そのなかから、おいしくて、そう手もかからず、手に入りやすい材料でできる147種を選びました。

そのうえで、もとのままでは、あまり量の多いものや味の濃いもの、煮汁が多いものなどは、材料の分量や調味料を加減し、どれにも、一人前のカロリーをつけました。

そういったことも評価していただけたのでしょう、この別冊は、これから自炊をはじめる若い人や、食生活でも自立をめざす中高年男性などにも喜ばれ、品切れでご迷惑をかけ、増刷もしたのですが、その在庫もなくなりました。

そんななかで、「毎日のように台所で使うので、汚なくなってきた。長く使いたいので、もっと丈夫な単行本を出してほしい」という要望が増え、今回の発行になりました。

本にするにあたって、もとの別冊の内容はもちろん、そのままですが、それに加えて、最後の漬けものの項に、後に出た別冊「生活技術1」で紹介した「浅漬け」を加えました。簡単にできる、きゅうりの「こうじ漬け」や菜類の漬けもの、なすの「塩漬け」、大根の「べったら漬け」など、お役に立つと思います。

○

最後になりましたが、この本にのっている料理の作り方を教えて下さったり、料理をして下さったのは次の方々です。

湯木貞一、徳永睦子、姜連淑、リーガロイヤル料理スタッフ、戰美樸、西村良栄、濱田稔、柿澤津八百、角山雅計、村上信夫、石井好子、小島信平、久野静子、小林則子、宮崎恭子、小底拓子、森千鶴、木村義晴、米沢亜衣、藤田真希子、田中敏夫、山本勝造、藤本錦子、妹尾河童、針塚藤重（順不同、敬称は略させていただきました）

ここにお礼を申しあげます。

米・麺類

野　菜

材料別の索引

肉　類

魚介類

暮しの手帖の評判料理

平成十七年八月九日　初版第一刷発行

平成二十六年九月九日　六刷

著者　暮しの手帖編集部

発行者　阪東宗文

発行所　㈱暮しの手帖社　東京都新宿区北新宿一ノ三五ノ二〇

電話　〇三-五三三八-六〇一一

印刷者　北島義俊

印刷所　大日本印刷株式会社

製本所　大日本印刷株式会社